汽车先进技术译丛
智能网联汽车系列

智能网联汽车信息物理系统
——自适应网络连接和安全防护

[美] 丹达·B. 拉瓦特（Danda B.Rawat） 著
钱德拉·巴吉拉查娅（Chandra Bajracharya）
中国信息通信研究院泰尔终端实验室 组译
罗璎珞 译

机械工业出版社

本书主要是对智能网联汽车在频谱捷变网络环境下的自适应网络连接和安全防护进行分析和评估。本书内容包括关于车际网、信息物理系统和频谱捷变通信的概述；信息物理系统在汽车自组网络中如何实现自适应网络连接；信息物理系统在衰落信道的状况下如何实现自适应网络连接；信息物理系统构建的基于信任的安全体系，以发现恶意的驾驶人或者车辆，并且丢弃由这些驾驶人或者车辆发送的消息；信息物理系统如何利用公有云/互联网以及运行过程中形成的私有集群进行分布式运算。本书可供智能网联汽车产学研技术人员阅读使用，也可供其他汽车技术人员及汽车专业师生参考阅读。

Translation from the English language edition:
Vehicular Cyber Physical Systems: Adaptive Connectivity and Security
By Danda B. Rawat, Chandra Bajracharya
Copyright © SPRINGER International Publishing Switzerland 2017
This Springer imprint is published by Springer Nature
The registered company is Springer International Publishing AG
All Rights Reserved

This title is published in China by China Machine Press with license from Springer. This edition is authorized for sale in China only, excluding Hong Kong SAR, Macao SAR and Taiwan. Unauthorized export of this edition is a violation of the Copyright Act. Violation of this Law is subject to Civil and Criminal Penalties.

本书中文简体版由Springer授权机械工业出版社在中国境内（不包括香港、澳门特别行政区及台湾地区）出版与发行。未经许可之出口，视为违反著作权法，将受法律之制裁。

北京市版权局著作权合同登记　图字：01-2018-0656。

图书在版编目（CIP）数据

智能网联汽车信息物理系统：自适应网络连接和安全防护/（美）丹达 B. 拉瓦特（Danda B.Rawat），（美）钱德拉·巴吉拉查娅（Chandra Bajracharya）著；罗璎珞译．—北京：机械工业出版社，2018.6

（汽车先进技术译丛．智能网联汽车系列）

书名原文：Vehicular Cyber Physical Systems

ISBN 978-7-111-59898-5

Ⅰ．①智…　Ⅱ．①丹…②钱…③罗…　Ⅲ．①汽车-智能通信网-研究　Ⅳ．①U463.67

中国版本图书馆CIP数据核字（2018）第097170号

机械工业出版社（北京市百万庄大街22号　邮政编码100037）
策划编辑：孙　鹏　　　　　责任编辑：孙　鹏
责任校对：王　欣　张　薇　封面设计：鞠　杨
责任印制：张　博
河北鑫兆源印刷有限公司印刷
2018年6月第1版第1次印刷
169mm×239mm·5印张·2插页·75千字
0 001—2500册
标准书号：ISBN 978-7-111-59898-5
定价：60.00元

凡购本书，如有缺页、倒页、脱页，由本社发行部调换
电话服务　　　　　　　　　　　　网络服务
服务咨询热线：010-88361066　　机工官网：www.cmpbook.com
读者购书热线：010-68326294　　机工官博：weibo.com/cmp1952
　　　　　　　010-88379203　　金 书 网：www.golden-book.com
封面无防伪标均为盗版　　　　　　教育服务网：www.cmpedu.com

作者简介

Danda B. Rawat 毕业于弗吉尼亚州诺福克市奥多明尼昂大学的电子与计算机工程专业,获博士学位。他是美国霍华德大学电气工程与计算机科学系的副教授。Rawat 博士的主要研究领域包括无线通信网络、网络安全、大数据、信息物理系统、物联网、无线虚拟化、软件定义网络、智能电网、无线传感器网络以及车辆无线自组网络。Rawat 博士于 2016 年获得 NSF Faculty Early Career Development(CAREER)奖。他发表了 120 多篇科学/技术文章,出版了 8 本书。他曾担任十多种国际期刊的编辑/客座编辑。他还担任 IEEE INFOCOM 2016/2017 的网络主席,IEEE INFOCOM 2015 的学生津贴联合主席,IEEE CCNC 2016 无线网络和移动性分论坛主席,IEEE AINA 2015 年通信网络和协议分论坛主席等。他曾担任多个国际会议和研讨会的程序主席、总主席和会议主席,并曾担任 IEEE INFOCOM、IEEE GLOBECOM、IEEE CCNC、IEEE GreenCom、IEEE AINA、IEEE ICC、IEEEWCNC 和 IEEE VTC 等多个国际会议的技术计划委员会(TPC)成员。他还获得了格鲁吉亚南方大学 Allen E. Paulson 工程与技术学院杰出研究学院奖(2015 年卓越学术活动奖)。他是 CWiNs 研究实验室的创始人和主任。Rawat 博士是 IEEE 的高级会员,也是 ACM 和 ASEE 的成员。他自 2013 年起担任 IEEE Savannah 部门执行委员会副主席。

Chandra Bajracharya 博士是美国乔治亚州南部大学电气工程系的一名教师,2014 年她在美国奥多明尼昂大学获得电气与计算机工程博士学位。她在尼泊尔 Tribhuvan 大学获得电子工程学士学位,在挪威科技大学获得电力工程硕士学位。她还获得了美国东肯塔基大学的计算机科学(应用计算)硕士学位。她的研究兴趣包括医学信息物理系统、交通信息物理系统、数值电磁学、电磁场的生物效应、UWB 天线、天线设计、智能电网和电力电子、替代能源、信号/图像处理和 STEM 教育。她发表了 30 多篇关于相关课题的科技论文。她是 IEEE 的成员,曾担任 TPC 成员和多个会议和期刊的审阅者。

序　言

先进的无线通信技术和轻巧的智能便携设备，使随时随地的通信变为可能。同时，嵌入式系统、传感器和无线网络等技术和设备搭建起了连接物理设备（汽车、道路）和信息世界（网络、运算能力）的桥梁，形成了所谓的信息物理系统。智能网联汽车的信息物理系统需要通过无线通信收到实时反馈，以通知驾驶人或者直接控制车辆的安全功能及信息娱乐应用。本书主要是对智能网联汽车的信息物理系统在频谱捷变网络环境下的自适应网络连接和安全防护机制进行分析和评估。

本书包括以下5章：

第1章：关于车际网、信息物理系统和频谱捷变通信的概述；

第2章：介绍信息物理系统在汽车自组网络中如何实现自适应网络连接；

第3章：介绍信息物理系统在衰落信道的状况下如何实现自适应网络连接；

第4章：介绍信息物理系统构建的基于信任的安全体系，以发现恶意的驾驶人或者车辆，并且丢弃由这些驾驶人或者车辆发送的消息；

第5章：介绍信息物理系统如何利用公有云／互联网以及运行过程中形成的私有集群进行分布式运算。

目 录

序言

第1章 车际网及信息物理系统概述 ………… 1

1.1. 概述 …………………… 1
1.2 背景 …………………… 2
1.3 车际网 ………………… 2
   1.3.1 车车通信 …………… 3
   1.3.2 车路通信 …………… 4
1.4 IEEE802.11p 协议与车际通信 ………………… 4
1.5 智能网联汽车信息物理系统 …………………… 5
1.6 智能网联汽车信息物理系统功能 ……………… 6
   1.6.1 安全功能 …………… 7
   1.6.2 辅助驾驶 …………… 7
   1.6.3 自动驾驶 …………… 7
   1.6.4 紧急通信 …………… 7
   1.6.5 信息娱乐内容共享 … 7
1.7 智能网联汽车信息物理系统所面临的挑战 …… 7
   1.7.1 无线网络连通性 …… 8
   1.7.2 异构无线接入 ……… 8
   1.7.3 信息安全与隐私保护 … 8
   1.7.4 高移动性和动态网络拓扑 ……………… 8
   1.7.5 对时延的敏感性和对服务质量的影响 ……… 8
   1.7.6 本地运算与云端运算 … 9
1.8 信息物理系统的频谱捷变 … 9
1.9 总结 …………………… 11
参考文献 ………………… 11

第2章 车际网及信息物理系统概述 ………… 13

2.1 概述 …………………… 13
2.2 自适应发送范围/功率 …… 14
2.3 竞争窗口调节 ………… 16
2.4 性能评估 ……………… 18
2.5 总结 …………………… 22
参考文献 ………………… 22

第3章 在衰落信道的状况下汽车自组网频谱捷变实现自适应网络连接 ………… 24

3.1 概述 …………………… 24
3.2 系统模型 ……………… 25
3.3 在衰落信道状况下汽车自组网的网络连通性 … 26
   3.3.1 在衰落信道状况下发送范围和功率 ……… 28
   3.3.2 相向行驶时的 V2V 连接 ………………… 30
   3.3.3 同向行驶时的 V2V 连接 ………………… 32
3.4 性能评估 ……………… 33

3.5　总结 ……………………… 38
参考文献 ……………………… 39

第4章　信息物理系统构建的汽车自组网的信息安全 …………… 41

4.1　概述 ……………………… 41
4.2　汽车自组网的可信性 …… 42
4.3　分析 ……………………… 44
 4.3.1　检测恶意车辆/驾驶人的概率性方法 …………… 44
 4.3.2　检测恶意车辆/驾驶人的确定性方法 …………… 49
 4.3.3　概率性方法和确定性方法相结合 ……………… 55
4.4　总结 ……………………… 59
参考文献 ……………………… 59

第5章　计算、通信和其他车载信息物理系统亟待解决的问题 …… 61

5.1　概述 ……………………… 61
5.2　介绍 ……………………… 61
5.3　汽车信息物理系统自适应通信 …………………… 62
5.4　汽车信息物理系统的计算方案 …………………… 65
 5.4.1　公有云计算 …………… 66
 5.4.2　私有云计算 …………… 66
5.5　性能评估 ………………… 68
5.6　总结 ……………………… 73
参考文献 ……………………… 74

第1章　车际网及信息物理系统概述

1.1. 概述

智能交通信息物理系统的车际互联是美国、日本、欧洲等国工业界和学术界普遍关注的新兴技术。JSK（日本汽车交通与驾驶电子技术协会）在20世纪80年代初启动了汽车联网和通信的课题研究。在美国，正式的研发始于20世纪90年代，当时美国国会通过了基于1991年陆上综合交通运输效率化法案（ISTEA）的智能车辆高速公路系统（IVHS）提案，以提高道路安全和效率。

智能网联汽车信息物理系统的主要目标是将计算、通信和控制相结合，以减少道路拥塞、交通事故和燃料消耗，最终提升道路驾驶的安全性、效率和用户体验。有许多关于车辆信息物理系统之间网联和通信的研究[1]，例如研究货车编队行驶的美国加利福尼亚州的PATH项目[2]和欧洲的Chauffeur[3]。另外，美国运输部（DOT）与多家汽车制造公司如福特、本田、丰田等展开"避碰规范合作"（CAMP），推动车际网的落地[4]。汽车之间的网络连接和通信是智能网联汽车信息物理系统的重要组成部分，通过及时地扩散和传播准确的路况信息供车辆采取相应措施，提升道路的安全性和效率。通常情况下，智能网联汽车信息物理系统之间的通信通过车车通信（V2V）、车路通信（V2R）以及路路通信（R2R）来实现。常规信息物理系统解决方案使用车载单元（OBU）形式进行感知决策控制，不与其他车辆交换信息；近期推出的车际网通信，可以通过基于车车和车路联网，进行车辆之间的通信，实现车辆之间的高效协同。

1.2 背景

交通事故每年持续增长。美国国家安全委员会（NSC）发布的报告显示，2015年前6个月交通事故的数量比2014年同期增加了14%。交通事故对经济的影响，达到平均每年2306亿美元[5]。根据美国交通部的统计，超过半数的交通拥堵是由于高速公路上的事故导致的，并非发生在高峰时间的城市路段。并且，交通部也提到，由于交通事故造成拥堵的高速路造成了数十亿美元的生产力损失，一年也会浪费数亿加仑的燃料。

"如果驾驶人在碰撞前半秒的时候接收到警告信息，60%的撞车事故都是可以避免的[6,7]。"汽车信息物理系统对交通事故和车辆状态的预警非常重要，可以支撑车辆智能决策，变换路线或者采取制动等操作，从而避免交通事故的发生。的确目前已经有通过高速路上的电子显示大屏，或者通过交通广播去告知驾驶人路况或者事故的方式，但是这些方式通常都比较慢，或者需要驾驶人分神去获取信息。智能网联汽车信息物理系统就可以将路况及流量信息通过自动化的方式通知驾驶人（在无人驾驶阶段是通知到车辆），驾驶人或者车辆可以根据这些获取的信息做出进一步的操作。无线通信就是传送这种信息的一种途径。

智能网联汽车信息物理系统应具备运算和处理交通流量信息的能力，并且通过车车、车路、车辆与行人的通信把信息传送给其他的车辆、路侧设施和行人，从而避免交通拥堵和交通事故的发生。因为车辆本身的快速移动，使得车车通信和车路通信具有一个特点——通信网络拓扑变化速度很快。在这种情况下，为了达到通信的要求，信息物理系统需要及时改变参数，来适应动态网络通信和承载业务的需求。这种对连接的适配通常要考虑以下因素：与汽车的密集程度相关的网络连通性，与各类消息成功发送概率相关的竞争窗口设置，以及基于各方面信息判定汽车安全可信的机制等。

1.3 车际网

车际网的目标是提升道路安全和效率。这一目标主要是通过车辆自组网络

（VANET）进行车车通信和车路通信交换传递信息，以及通过车辆中继，实现路侧设备之间的通信来实现的。通信场景如图 1.1 所示。

1.3.1 车车通信

车车通信是基于汽车之间单跳或者多跳网络传递道路流量信息的，并不借助路侧设备。所以这种通信方式不需要相应路侧通信基础设施的部署。因此，当出现自然灾害或者紧急情况，通信基础设备被破坏时，这种通信方式仍然能够使用。在车车通信中，汽车接收的是其他汽车发送的信息，如何不使用发送方汽车的标识，又要验证消息的真实性和合法性，是一个很具有挑战性的课题。如果使用发送方汽车的标识，与汽车相关的，或者与汽车的所有者、驾驶人相关的隐私信息保护将是个问题。智能网联汽车物理信息系统如何在保护隐私的前提下进行安全的车车通信是目前大家普遍关心的问题。

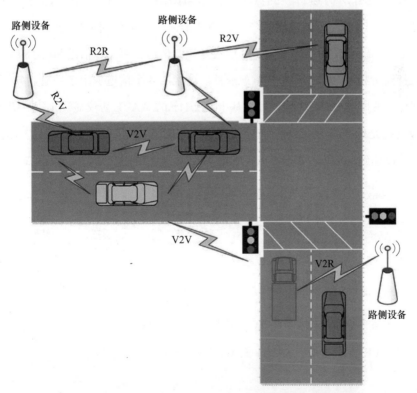

图 1.1 车车（V2V）、车路（V2R）和路车（R2V）通信的网络情景

1.3.2 车路通信

车路通信包括汽车与路侧的基站、接入点等基础设施，通过车路/路车等通信协议传送信息，以及路侧设置之间的通信。在这种通信里，路侧基础设施对车际网络中通信的连通性和安全性起到非常重要的作用。路侧设施可以验证汽车的标识，并为车际网中的智能网联汽车提供安全保障。进一步来说，在郊区等车辆密集程度较低的地方，路侧设备可以帮助连通相距很远的车辆。但可能会有延迟，不太适用于紧急通信。

1.4 IEEE802.11p 协议与车际通信

美国联邦通信委员会从 802.11p 的频段中为车际网分配了专用频段，如图 1.2 所示。底层基于专用短距离通信（DSRC）协议的车际网络无线接入（WAVE）的应用协议是专门针对高速行驶的汽车和汽车与路侧设施之间通信设计的，使用 5.9GHz（5.855~5.925GHz）频段，一共分为 7 个信道，每个信道均为 10MHz。在这 7 个信道中，位于中间位置的第 178 信道是控制信道，第 172 信道和第 184 信道用于与人身安全和公共安全相关的紧急通信。剩余的 4 个信道被用于一般业务。起初车际网计划使用 802.11a 协议，后来基于 802.11p 的 WAVE 协议显现出很多优势，车际网最终还是选择了 802.11p。当发送功率为 32dBm 的情况下，802.11p 的最大传送范围可以达到 1000m。基于 802.11p 的 WAVE 技术很适合动态的变化的网络。

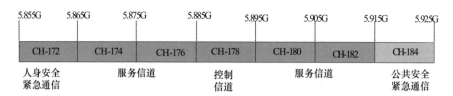

图 1.2 IEEE 802.11p WAVE（专用短距离通信）的 7 个专用信道

表 1.1 总结了各地区和国家的车际网使用的不同频段，表 1.2 对比了基于 802.11p 的 WAVE 技术和基于 802.11 的 Wi-Fi OFDM 无线通信技术。

表 1.1 不同国家/地区 WAVE/DSRC 的应用频谱分配

国家或地区	频段/MHz
ITU-R (ISM band)	5725~5875
欧洲	5795~5815, 5855/5875~5905/5925
北美	902~928, 5850~5925
日本	715~725, 5770~5850

表 1.2 IEEE 802.11p WAVE 和 IEEE 802.11 Wi-Fi 正交频分复用（OFDM）的参数比较

参数	IEEE 802.11p WAVE	IEE 802.11 Wi-Fi
频谱	5.9GHz	5/2.4GHz
带宽	10MHz	20MHz
数据传输速率/（Mbit/s）	3, 4.5, 6, 9, 12, 18, 24, 27	6, 9, 12, 18, 24, 36, 48, 54
调制类型	同 Wi-Fi	BPSK/QPSK/16-/64-QAM
信道编码	同 Wi-Fi	Conv. coding rate: 1
总数据副载波	同 Wi-Fi	48
导频副载波总数	同 Wi-Fi	4
总虚拟副载波	同 Wi-Fi	12
FFT/IFFT 大小	同 Wi-Fi	64
FFT/IFFT 间隔	6.4μs	3.2μs
副载波间隔	0.15625MHz	0.3125MHz
CP 间隔	1.6μs	0.8μs
OFDM 符号间隔	8μs	4μs

1.5 智能网联汽车信息物理系统

信息物理系统是物理实体与信息系统通过网络连接和通信建立起的集成化系统。智能网联汽车的信息物理系统是信息物理系统的一个子集，它以汽车和路侧的网络为实体，运算和通信为信息化过程。图 1.3 就是一个典型的智能网联汽车信息物理系统。它由物理实体单元（例如汽车、DSRC/移动通信设备、平板电脑等）、信息系统（例如数据中心、交通控制中心等）和通信连接（例如车际网）等构成。

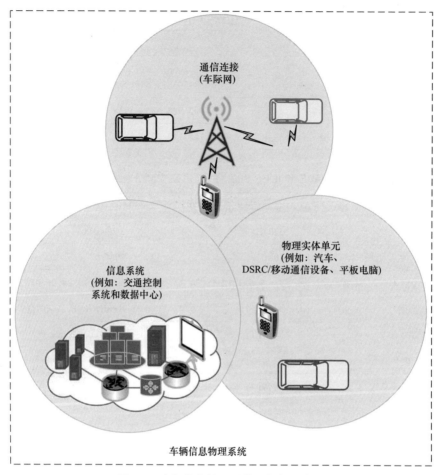

图 1.3 车辆信息物理系统及部件示意图

智能网联汽车信息物理系统可以利用车端几乎无限的能量和存储能力这一优势,利用路侧设施的属性,结合车际网网络自身的特点,来构建与汽车移动性、流量信息、汽车行驶轨迹相关的多种服务[1, 10, 18]。

1.6 智能网联汽车信息物理系统功能

智能网联汽车信息物理系统所具备的功能有:道路安全、绿色交通、辅助驾驶、信息娱乐等[1, 19, 20]。以下简单介绍一下这些应用。

1.6.1　安全功能

智能网联汽车使用信息物理系统交换多种信息，包括汽车状态、道路状况、天气状况、拥堵路段以及交通事故等。这些信息能够帮助用户全方位地了解驾驶环境，从而最终提升道路安全性。此外，汽车还能够跟使用移动通信设备的行人进行通信，避免碰撞行人。

1.6.2　辅助驾驶

智能网联汽车信息物理系统可以根据与其他汽车交换的信息和相邻汽车的状态，为避免撞车、变道和超车等操作提供帮助。

1.6.3　自动驾驶

智能网联汽车信息物理系统也被认为是支撑无人驾驶/自动驾驶功能的关键，例如谷歌的无人驾驶汽车。

1.6.4　紧急通信

智能网联汽车可以通过车车之间多跳通信，在汽车自组网内传递紧急状态通知，例如灾难来临时的紧急撤离通知。当出现重大的天灾人祸时，通信基础设施可能被破坏，或者由于大量呼叫导致超负荷，这时通过车车通信建立的汽车自组网就提供了另一种通信解决方案。

1.6.5　信息娱乐内容共享

车际网可以提供汽车之间的音乐、视频以及文件等多种形式的内容分享，汽车自组网使用者也可以通过建立对等连接进行分享。不仅如此，汽车自组网用户还可以通过车路/路车通信获得路侧设施提供的信息。汽车自组网用户也可以把互联网上的服务分享给道路上的其他人。

1.7　智能网联汽车信息物理系统所面临的挑战

智能网联汽车物理信息系统所面临的挑战[8,21]主要包括以下内容。

1.7.1 无线网络连通性

车际网的网络拓扑是根据汽车速度和驾驶人的行为不断变化的。汽车开上道路,也就加入了网络;驶出道路时,也就离开了网络。在这样的动态的变化的网络拓扑中,保证网络的连通性对智能网联汽车信息物理系统来说是一个挑战。到了汽车密集度较低的农村地区,连通性也是个问题。因此,汽车需要有自适应的发送范围/发送功率调节技术,以实现更高的连通性。

1.7.2 异构无线接入

802.11p WAVE 协议使用了 5.9GHz 专用频段,包括 7 个信道,专门用作车际通信。当汽车密集度较高的时候这 7 个信道不够用。而且,有的汽车为了具备更好的性能需要使用其他接入方式或者使用其他信道。这种情况下,信息物理系统需要根据无线设备和接入技术来实现异构无线接入。

1.7.3 信息安全与隐私保护

信息安全与隐私保护是车际网面临的主要问题。如果直接使用汽车自身的标示,可以保证接入网络的网元的安全性和可靠性。但是,使用像汽车标识码(VIN)这样的信息,汽车的所有者/驾驶人/租用者的隐私就有可能被泄露甚至被侵害。或者说,车际网需要对车辆进行认证,以保证所接收的信息的完整性,这方面的需求就可能对车辆用户的隐私构成威胁。因此,对于智能网联汽车的信息物理系统来说,必须要平衡信息安全防护和隐私保护两个方面。

1.7.4 高移动性和动态网络拓扑

汽车自组网络是移动自组网的一个子集,网络拓扑是动态的,会根据道路的变化而变化。已有的无线接入技术并不是为这种高动态性网络设计的,因此高移动性必然会带来一些新的挑战:每辆车需要调整其通信的相关参数,迅速适应环境的变化,及时传送和接收信息。

1.7.5 对时延的敏感性和对服务质量的影响

对于智能网联汽车的信息物理系统来说,时延是最重要的性能指标之一,因为很多时效性很强的信息需要在很短的时间内完成传送。802.11p 协议定义了 7 个信道，其中 6 个信道用于通信，1 个信道用于管理这 6 个通信信道。在车际网应用场景下，这个协议的主要缺陷是无法支撑大量用户，当一些地区车辆密集度很高的时候，那些时延敏感信息的传输达不到服务质量的要求，从而使信息物理系统的整体性能下降。

1.7.6 本地运算与云端运算

智能网联汽车可以依靠本地的资源进行计算，也可以把数据上传到云端平台，由云端的系统完成运算。这两种方法各有利弊：本地计算的时延虽然较小，但是有较高的不确定性，也可能会出现错误；上传云端计算的时延可能稍高，但是运算结果准确率高。总之，应当根据智能网联汽车信息物理系统所要承载的具体应用，来均衡使用这两种计算模式。

1.8 信息物理系统的频谱捷变

在城市中汽车密集度较大的地方，车际网的通信信道很容易拥塞。近期研究表明，给特定的服务提供商静态地分配信道，仅供其在很长时间内覆盖面很广的区域内独家使用，往往信道不能被充分利用，常常处于空闲状态。

为了提高这些未被充分利用的频段的使用率，出现了频谱捷变认知无线电技术，这种技术可以使没有得到某个频段授权的备选用户适时使用空闲信道。例如车际网用户，他们只授权使用 5.9GHz 的频段，但是他们可以在条件满足的情况下，使用蜂窝通信的频段。因为使用了频谱捷变认知无线电，这种"借用"并不会对正常使用该频段的用户造成干扰。需要明确的是，正常用户是指授权使用相应频段的用户，例如蜂窝通信用户使用蜂窝网络；备选用户是指没有得到某个频段的使用授权，但是当没有正常用户使用这个频段时，可以借用这个频段进行通信的用户。例如，车际网用户使用蜂窝通信频段[22-26]。

智能网联汽车的频谱捷变通信过程包括 4 个阶段，如图 1.4 所示。

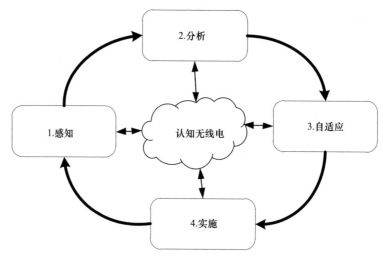

图 1.4 频谱捷变车载信息物理系统通信的认知周期[23]

感知阶段

感知是频谱捷变技术中动态频谱访问（DSA）的第一个阶段。在这个阶段，没有被授权的备选用户可以感知或者扫描去发现那些没有被正常用户使用的空闲信道。感知信息可以是某个用户自己扫描频谱发现的，也可以是多个用户利用已经一定的已经获得的扫描信息进一步协同完成的。

分析阶段

在这个阶段，用户分析感知到的信息找出空闲信道。同样，分析可以由某个用户单独完成，也可以综合多个用户的感知信息，在汇聚中心完成分析。独立分析的用户自己找到适用的信道；汇聚模式下由中心控制者最终明确适用的信道。

自适应阶段

在自适应阶段，用户根据确定的适用信道，调节自身发射和接收的参数来进行通信。这些参数包括：数据传输速率、发送功率、调制类型、带宽等。

实施/通信阶段

实施阶段，也就是通信阶段，就是用户和通信目标按照自适应阶段协商的参数进行通信阶段。

这四个阶段周期性循环，既可以避免对正常用户产生干扰，又可以使备选用户通过使用智能网联汽车信息物理系统实现"借用"适用的频段进行通信。

1.9 总结

智能网联汽车的信息物理系统通过及时地扩散和传播准确的路况信息，使车辆能够及时采取相应的操作，来提升道路的安全性和效率。本书将介绍智能网联汽车信息物理系统如何通过调整参数，灵活地进行自适应连接，以及安全性机制。第2章介绍以所在地汽车密集度和网络中数据包的冲突率为基础的车际网自适应连接技术；第3章介绍汽车自组网在衰落信道的环境下，通过频谱捷变提升连通性的方法；第4章无线车际网络中基于信任的安全模型，可以同时兼顾隐私防护和安全认证；第5章列出了支撑无线车际网的信息物理系统在运算、通信以及其他方面尚未解决的问题，使用通过蒙特卡罗仿真得到的数据结果对算法的性能进行评价。

本书提供的分析和评价方法，也广泛适用于铁路、公路、航空以及水运等多种交通运输系统。我们在本书里只用公路交通作为实例进行分析。

参考文献

1. D. B. Rawat, J. J. Rodrigues, and I. Stojmenovic, *Cyber-Physical Systems: From Theory to Practice*. CRC Press, 2015.
2. L. Alvarez and R. Horowitz, "Safe platooning in automated highway systems," *California Partners for Advanced Transit and Highways (PATH)*, 1997.
3. M. Schulze, "CHAUFFEUR-The European Way towards an Automated Highway System," in *Mobility for Everyone. 4th World Congress on Intelligent Transport Systems, 21–24 October 1997, Berlin. (Paper No. 2311)*, 1997.
4. "Crash avoidance metrics partnership," http://www.nhtsa.gov/Research/Crash+Avoidance/Office+of+Crash+Avoidance+Research+Technical+Publications, accessed: 2010-09-30.
5. "Traffic Safety Facts," http://www-nrd.nhtsa.dot.gov/Pubs/812217.pdf, accessed: 2010-09-30.
6. C. D. Wang and J. P. Thompson, "Apparatus and method for motion detection and tracking of objects in a region for collision avoidance utilizing a real-time adaptive probabilistic neural network," Mar. 18 1997, uS Patent 5,613,039.
7. D. S. Breed, W. E. Duvall, and W. C. Johnson, "Accident avoidance system," Apr. 9 2002, uS Patent 6,370,475.
8. "Introduction to vehicular networks," http://www.csl.mtu.edu/cs5461/www/Slide/1-Intro-VANET.pdf, accessed: 2010-09-30.
9. H. Moustafa, S. M. Senouci, and M. Jerbi, "Introduction to vehicular networks," *Vehicular Networks*, p. 1, 2009.
10. D. Rawat, D. Popescu, G. Yan, and S. Olariu, "Enhancing VANET Performance by Joint Adaptation of Transmission Power and Contention Window Size," *IEEE Transactions on Parallel and Distributed Systems*, vol. 22, no. 9, pp. 1528–1535, Sept 2011.

11. D. B. Rawat, G. Yan, D. C. Popescu, M. C. Weigle, and S. Olariu, "Dynamic adaptation of joint transmission power and contention window in VANET," in *2009 IEEE 70th Vehicular Technology Conference Fall (VTC 2009-Fall)*, 2009, pp. 1–5.
12. D. B. Rawat and S. Shetty, "Enhancing connectivity for spectrum-agile vehicular ad hoc networks in fading channels," in *Intelligent Vehicles Symposium Proceedings, 2014 IEEE*, 2014, pp. 957–962.
13. D. B. Rawat, G. Yan, B. B. Bista, and M. C. Weigle, "Trust on the security of wireless vehicular ad-hoc networking." *Ad Hoc & Sensor Wireless Networks*, vol. 24, no. 3–4, pp. 283–305, 2015.
14. D. B. Rawat, B. B. Bista, G. Yan, and M. C. Weigle, "Securing Vehicular Ad-Hoc Networks Against Malicious Drivers: A Probabilistic Approach," in *Proceedings of the 5th International Conference on Complex, Intelligent, and Software Intensive Systems*, June 2011.
15. G. Yan, J. Lin, D. B. Rawat, and W. Yang, "A geographic location-based security mechanism for intelligent vehicular networks," in *Intelligent Computing and Information Science*. Springer Berlin Heidelberg, 2011, pp. 693–698.
16. D. Jiang and L. Delgrossi, "Ieee 802.11 p: Towards an international standard for wireless access in vehicular environments," in *Vehicular Technology Conference, 2008. VTC Spring 2008. IEEE*. IEEE, 2008, pp. 2036–2040.
17. W. Xiang, J. Gozalvez, Z. Niu, O. Altintas, and E. Ekici, "Wireless access in vehicular environments," *EURASIP Journal on Wireless Communications and Networking*, vol. 2009, no. 1, pp. 1–2, 2009.
18. J. Jeong, S. Guo, Y. Gu, T. He, and D. H. Du, "Trajectory-based statistical forwarding for multihop infrastructure-to-vehicle data delivery," *Mobile Computing, IEEE Transactions on*, vol. 11, no. 10, pp. 1523–1537, 2012.
19. S. K. Gaur, S. Tyagi, and P. Singh, "vanet system for vehicular security applications," *International Journal of Soft Computing and Engineering (IJSCE)*, vol. 2, no. 6, 2013.
20. V. Kumar, S. Mishra, and N. Chand, "Applications of vanets: present & future," *Communications and Network*, vol. 5, no. 01, p. 12, 2013.
21. M. Raya and J.-P. Hubaux, "Securing vehicular ad hoc networks," *Journal of Computer Security*, vol. 15, no. 1, pp. 39–68, 2007.
22. D. B. Rawat, M. Song, and S. Shetty, *Dynamic spectrum access for wireless networks*. Springer, 2015.
23. R. K. Sharma and D. B. Rawat, "Advances on security threats and countermeasures for cognitive radio networks: A survey," *IEEE Communications Surveys & Tutorials*, vol. 17, no. 2, pp. 1023–1043, 2015.
24. "Cognitive cycle," http://file.scirp.org/Html/7-6101328_35660.htm, accessed: 2010-09-30.
25. J. Mitola III and G. Q. Maguire Jr, "Cognitive radio: making software radios more personal," *Personal Communications, IEEE*, vol. 6, no. 4, pp. 13–18, 1999.
26. D. B. Rawat and G. Yan, "Spectrum sensing methods and dynamic spectrum sharing in cognitive radio networks: A survey," *International Journal of Research and Reviews in Wireless Sensor Networks*, vol. 1, no. 1, pp. 1–13, 2011.

第 2 章　车际网及信息物理系统概述

2.1 概述

　　车际网是智能网联汽车信息物理系统之间通信的主体网络。通过车际网，车辆为驾驶人交换即时信息，或者向汽车提供反馈以提升道路安全性和道路整体效率。如果驾驶人在碰撞前 0.5s 的时候能够收到警告信息，60% 的撞车事故都是可以避免的[1,2]。在汽车密集度很低的地方，车辆很有可能通过单跳和多跳都无法与相邻车辆建立网络连接。同样，当汽车密集度很高时，使用固定的发送范围/功率进行通信会导致广播风暴，因为同一时间会有其他的车辆使用同一发送范围进行广播。因此，在不需要驾驶人和使用者人为干预的情况下，车辆应该能够根据当时状况，自动调节发送范围/功率等传送参数[5]。此外，紧急情况相关的消息，必须通过车车通信和车路通信及时传送[4,9]。如果智能网联汽车所有的信息都被等同对待，这种对时间敏感的紧急情况相关信息可能会因为网络饱和而导致时延较长，那么驾驶人不能及时得到通知。因此，这些对时延敏感的信息应该能够区别对待，这比一味地追求发送速率的提高更加重要。如果紧急情况相关的信息没有高优先级，发送延迟了，可能这些消息就失去意义了。

　　本章分析了通过动态调整信息物理系统的发送功率和竞争窗口来提高网络性能的方法。其中，发送范围/功率是根据所在地汽车密集度和网络中数据包的冲突率进行调整的；不同类型消息的竞争窗口大小是根据网络中数据冲突率调整的。需要强调的是，竞争窗口越小，越有可能被迅速地发出去。

2.2 自适应发送范围／功率

在汽车自组网里,每辆汽车都需要周期性地向其他车辆和路侧设施广播自己的状态,包括位置、速度、方向等,大概每秒 10 次。可以认为,所有汽车都能周期性地获知周围车辆的实时位置,并通过这些信息估计路上有多少相邻的汽车。根据估计的汽车数量,再计算车辆所在位置的汽车密集度。对于某发送范围而言,所在地汽车密集度(δ)通过路上"实际汽车数量 N_0"比上同路段"可能达到汽车数量的总和 N_p"计算得到,如图 2.1 所示。举个例子,在两条车道行驶的汽车,相互之间保持 10m 的安全距离,消息发送范围为直径 500m。则对于这个发送范围来说,$N_p=2\times500/10=100$。此地汽车密集度可以表示为:

$$\delta = \frac{N_0}{N_p} \qquad (2.1)$$

同时,每辆车可以估计网络中数据包冲突的发生概率。对于各种数据类型 m,$m=0,1,2,3$,冲突率可以按照公式(2.2)进行计算:

$$P_c = \frac{1}{4}\sum_{m=0}^{3} P_c^m = \frac{1}{4}\sum_{m=0}^{3}\frac{F_m}{F_a} \qquad (2.2)$$

式中,F_m 是一辆车应该接收但是却没有接到的数据帧的数量;F_a 是这辆车预计正确接收的所有数据帧的数量。对于某辆车来说,根据所在地车辆密集度 δ(见公式(2.1))和数据包冲突率 P_c(见公式(2.2)),可以计算最佳发送范围 TR[4],如公式(2.3)所示:

$$TR = \min\left\{L, \min\left\{L\frac{(1-\delta)}{P_c}, \sqrt{\frac{L\log(L)}{\delta P_c}} + \alpha L\right\}\right\} \qquad (2.3)$$

式中,L 表示道路分段长度,在支持 DSRC 的基于 802.11p 的汽车自组网中,L 的最大值是 1000m;α 是流量常数[10]。

第 2 章　车际网及信息物理系统概述

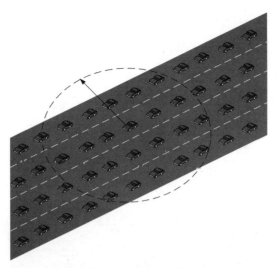

a) 一定的发送范围内，可能的相邻车辆数 N_p

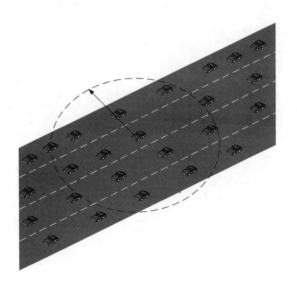

b) 一定的发送范围内，可能通信的实际相邻车辆数 N_0

图 2.1 在一定的发送范围内估算给定车辆的本地车辆密度 $\delta = N_0/N_p$

　　通过公式（2.3）计算得到传送范围，每辆车都可以基于适合自己所在区域类型（城市中心区、乡镇、农村等）的无线传播模型，预估自己的发送功率。通过 GPS 可以比较容易地获得汽车当前所在区域，然后选择适用的无线传播参数，例如路径损耗指数等。表 2.1 提供了发送范围和发送功率的对应关系。有了这种查找表，就不必再通过发送范围计算发送功率,十分便捷。表 2.1 的数值都是通过蒙特卡罗仿真得到的,适用于不同的车际网场景,而且每个发送范围都对应一个发送功率,可以适应城市中心区到农村等多种环境[4]。

表 2.1 对于给定发送范围的发送功率查找表

发送范围 /m	发送功率 /dBm
0~9	−20
10~49	−12
50~100	−5
101~125	−3
126~149	1
150~209	4
210~299	6
300~349	10
350~379	12
380~449	14
450~549	17
550~649	20
650~749	24
750~849	27
850~929	29
930~970	31
971~1000	32
>1000	DSRC 中不能实现

2.3 竞争窗口调节

为了跟 802.11e 中的 EDCA【11】保持一致,汽车自组网的消息可以根据优先级分为 4 类,简写为 MC。表 2.2 中列出了这 4 类的竞争窗口的最大值 W_h 和最小值 W_l。每类 MC 产生一个介于 W_l 和 W_h 之间的时间值来进行发送。

表2.2 四类消息竞争窗口极值下的 AIFS 值

汽车自组网中的消息优先级（MC）	AIFS	W_l	W_h
MC_0：事故相关的消息	1	0	4
MC_1：警告消息	1	0	8
MC_2：周期性消息	2	4	16
MC_3：其他交通数据	2	8	32

在 $t+1$ 时刻计算的 TR 值，将与 t 时刻的 TR 值进行对比，根据发送范围是否增大或者减小，来决定竞争窗口是否相应地增大或者减小。如果 $TR(t+1)$ 比 $TR(t)$ 大，说明车辆所在位置的汽车密集度减小了（随着汽车密集度减小，TR 会增大），因此需要减小竞争窗口的值以提高发送概率。如果要根据网络状况调整竞争窗口的最大值 W_h，应按公式（2.4）进行调节。

$$W_h^m = \begin{cases} \frac{W_h^m}{2}, & \text{若 } TR(t+1) > TR(t) \text{ 且 } P_c^m < \overline{P}_c^m, \quad m=0,1,2,3 \\ 2W_h^m, & \text{若 } TR(t+1) < TR(t) \text{ 且 } P_c^m > \overline{P}_c^m, \quad m=0,1,2,3 \\ W_h^m, & \text{否则}, \quad m=0,1,2,3 \end{cases} \quad (2.4)$$

应当注意的是，W_l 也会相应地减小。W_h 值减少一半的概率可以通过公式（2.5）进行计算。

$$P_{\frac{W_h^m}{2}}^m = (1-P_b^m)(1-P_c^m)P_N^m \quad (2.5)$$

式中，P_b^m 是信道忙的概率；概率 P_N^m 可以通过公式（2.6）计算得到。

$$P_N^m = \left(1 - \frac{\lambda_m}{\mu_m}\right)\left(\frac{\lambda_m}{\mu_m}\right)^{N-1} \quad (2.6)$$

式中，λ_m 是数据包的到达率；μ_m 是消息类型 m 的服务率。

吞吐量及时延分析

用改变的 W_c 参数分析每个消息类别 m 的网络吞吐量 θ_m。成功传输概率可以表示为

$$P_s^m = P[T_s^m \leq t_t].P_{\frac{W_h}{2}}^m \qquad (2.7)$$

式中，$P[T_s^m \leq t]$ 是数据包在给定时间 t 内传输的概率（t_t 取决于 TR 和车辆之间的相对速度 v，$t = TR/v$，$T_s^m = D/R$）。

那么车辆自组网中，给定消息类别 m 的归一化吞吐量可以表示为

$$\theta_m = \frac{P_s^m . T_s^m}{P_i^m . T_i^m + P_s^m . T_s^m + P_c^m . T_c^m + P_{frz}^m . T_{frz}^m} \qquad (2.8)$$

式中，P_i^m 是在冲突之后或者在成功传输之后信道空闲的可能性；T_i^m 是空闲的信道；P_{frz} 是计数器在 T_{frz}^m 时间被冻结的概率。那么考虑所有的车辆自组网中的 MC，每辆车的归一化平均吞吐量是 $\theta = \sum_{m=1}^{4} \theta_m / 4$。

接下来，针对特定消息类别的给定车辆的端到端延时 Δ_m 可被计算为

$$\Delta_m = (P_{\frac{W_h}{2}}^m)^{N-1} . (N-1) . [AIFS^m + T_{frz}^m + W_c^m + T_c^m] \qquad (2.9)$$

2.4 性能评估

本节介绍性能评估结果，通过使用从模拟得到的数值结果来验证理论分析。在仿真设置中，假定车辆配备有使用 IEEE 802.11pWAVE 用于车辆通信的计算和通信设备。每辆车都保持安全距离，以避免与其他相邻车辆的碰撞。假定个别车辆周期性地（DSRC 启用的 IEEE 802.11p 中是 10 次/s）广播其状态（速度，位置，方向等）。使用 10mile（1mile=1.609km）的城市地图，微观交通智能驾驶人模型（IDM）[12]，以及设定初始车速为 11~31m/s（25~70mile/h）。根据交通流理论，交通常数 α 被假设为 $\alpha = 0.25$[10]。每辆车都基于周期状态信息，使用公式（2.1）周期性估计本地车辆密度 δ，以及网络中的数据冲突率。

在第一个实验中，对于不同的数据碰撞概率，发送范围 TR 与局部车辆密集度 δ 的变化如图 2.2 所示。从图 2.2 可以看出，当局部车辆密集度增加时，发送范围减小。类似地，对于给定的局部车辆密集度值（比如 $\delta = 0.4$），当数据冲突率增加时发送范围 TR 会减小，反之亦然。在网络中根本没有数据冲突的情况下，无论车辆

密集度如何，车辆可以将其发送范围保持在支持 DSRC 的车辆自组网所允许的最大值（1000m），如图 2.2 所示。当使用可变发送范围时，车辆可以通过查找表设定发送功率。

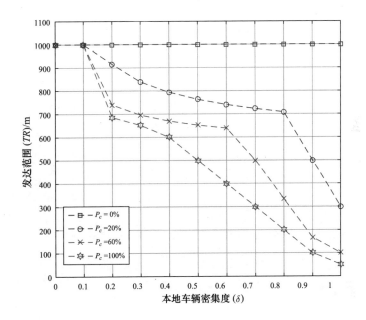

图 2.2 在不同 P_c 值时发送范围 TR 与本地车辆密集度 δ 的关系

接下来，四个类别的消息的延时变化与获得的传输机会的概率之间的变化关系如图 2.3 所示。请注意，每类消息的延时取决于给定车辆（给定数据碰撞率和本地车辆密集度）的回退计时器 W_c 到达零的概率。发送可能性越高，给定 MC 的时延越小，如图 2.3 所示。此外，最高优先级（最低 MC）消息的时延在所有消息中最低；最低优先级的消息时延最高，如图 2.3 所示。

此外，使用自适应方法和静态方法的所有消息类别的时延的变化与减小竞争窗口大小的概率之间的关系如图 2.4 所示。当减小竞争窗口的概率增加时，时延降低。而且，对于比 0.4 更高的概率值，时延保持不变，因为竞争窗口的大小已经没有进一步减小的空间了。

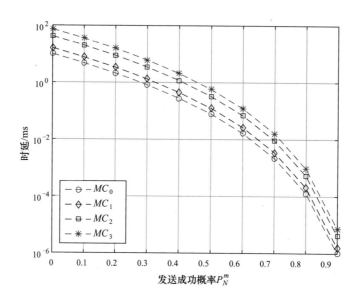

图 2.3　各类消息类型（MC）时延与发送成功率之间的关系

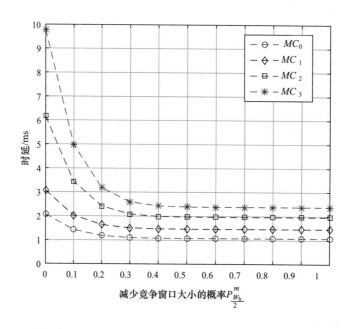

图 2.4　各类消息类型（MC）时延与减小竞争窗口大小的概率之间的关系

其次，自适应方法和静态方法的端到端时延的平均值与仿真时间的变化如图 2.5 所示。可以看出，自适应方法比静态方法（所有参数都是固定的）和参考文献［4］中介绍的方法的时延都更低。自适应方法的结果好，是因为它考虑了车际网络中的本地车辆密集度和数据冲突率，并且动态调整发送范围和 CW 值。图 2.5 中，一开始所有方法的时延值都是相同的，因为自适应方法需要一些时间来估计和调整参数。经过一定的时间后，自适应方法的时延就要比图 2.5 中所示的其他方法低得多了。

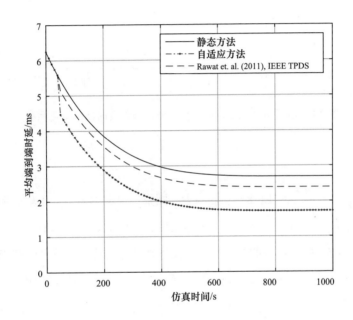

图 2.5　静态方法和自适应方法的端到端时延与仿真时间的变化曲线

还有，归一化总吞吐量的平均值与仿真时间的变化如图 2.6 所示。可以看出，归一化吞吐量随着仿真时间的增加而增加，自适应方法的吞吐量要比静态方法和参考文献［4］所介绍的方法要高。在开始时，所有方法的吞吐量值都是相同的（图 2.6），因为自适应方法需要一些时间来估计以适应参数。然而经过一段时间后，自适应方法的整体吞吐量比图 2.6 所示的其他方法的整体吞吐量都要高。

总之，自适应方法在车车的通信中具有较低的端到端时延和较高的吞吐量。

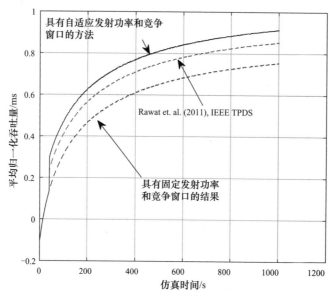

图 2.6　各种方法的平均归一化吞吐量与仿真时间的变化曲线

2.5　总结

本章评估了在基于 IEEE 802.11p 的车际网中,根据本地车辆密集度和数据冲突率对发射功率及竞争窗口进行动态适配的效果。提出了研究局部地区车辆密集度和数据冲突率对网络造成影响的数学分析。具体来说,自适应方法已经基于车辆信息物理系统中的本地车辆密集度和数据冲突率,对每个车辆的发送范围进行了适配,并且基于数据冲突率对每个消息类别适配了竞争窗口。使用模拟获得的数值结果进行的性能评估显示:自适应方法可以实现所有类型消息具有较低延迟和较高吞吐量。

参考文献

1. C. D. Wang and J. P. Thompson, "Apparatus and method for motion detection and tracking of objects in a region for collision avoidance utilizing a real-time adaptive probabilistic neural network," Mar. 18 1997, uS Patent 5,613,039.
2. D. S. Breed, W. E. Duvall, and W. C. Johnson, "Accident avoidance system," Apr. 9 2002, uS Patent 6,370,475.
3. D. B. Rawat, J. J. Rodrigues, and I. Stojmenovic, *Cyber-Physical Systems: From Theory to Practice*. CRC Press, 2015.
4. D. Rawat, D. Popescu, G. Yan, and S. Olariu, "Enhancing VANET Performance by Joint Adaptation of Transmission Power and Contention Window Size," *IEEE Transactions on Parallel and Distributed Systems*, vol. 22, no. 9, pp. 1528–1535, Sept 2011.

5. D. B. Rawat, G. Yan, D. C. Popescu, M. C. Weigle, and S. Olariu, "Dynamic adaptation of joint transmission power and contention window in VANET," in *2009 IEEE 70th Vehicular Technology Conference Fall (VTC 2009-Fall)*, 2009, pp. 1–5.
6. H. Hartenstein and K. Laberteaux, *VANET: vehicular applications and inter-networking technologies*. Wiley Online Library, 2010, vol. 1.
7. S. Olariu and M. C. Weigle, *Vehicular Networks: From Theory to Practice*. CRC Press, 2009.
8. D. B. Rawat and S. Shetty, "Enhancing connectivity for spectrum-agile vehicular ad hoc networks in fading channels," in *2014 IEEE Intelligent Vehicles Symposium Proceedings*, 2014, pp. 957–962.
9. D. B. Rawat, B. B. Bista, G. Yan, and S. Olariu, "Vehicle-to-Vehicle Connectivity and Communication Framework for Vehicular Ad-Hoc Networks," in *2014 Eighth International Conference on Complex, Intelligent and Software Intensive Systems (CISIS)*, 2014, pp. 44–49.
10. W. R. McShane and R. P. Roess, *Traffic Engineering*, 1990.
11. D. B. Rawat, D. C. Popescu, and M. Song, "Performance enhancement of EDCA access mechanism of IEEE 802.11 e wireless LAN," in *2008 IEEE Radio and Wireless Symposium*, 2008, pp. 507–510.
12. M. Treiber, A. Hennecke, and D. Helbing, "Congested traffic states in empirical observations and microscopic simulations," *Physical Review E*, vol. 62, no. 2, p. 1805, 2000.

第3章 在衰落信道的状况下汽车自组网频谱捷变实现自适应网络连接

3.1 概述

本章主要介绍在车辆相向行驶或者同方向行驶形成衰落信道的状况下,车车之间的通信连接建立与信息交换机制。用仿真得到的数据定量地评估性能,结果表明:基于对车辆密集度和车辆速度的估计而调整发送范围,以及切换到拥塞程度较小的频段,有助于提高车际网通信性能。

对于智能交通信息物理系统来说,车辆自组网的出现是移动自组网络中最成功的商业应用:通过多种无线通信技术手段,在车与车之间、车辆与路侧设施之间传递交通流量等信息。当与路侧设施进行通信时,可能会有较高的时延;而且,如果现有的通信网络和有线电视网络的基础设施不能够有效地复用,安装路侧通信设施的成本会比较高。就算能够利用现有的通信网络或者有线电视网络,频段授权费也可能推高车际网络通信的成本。因此,利用车辆的信息物理系统进行车车通信是及时传递安全相关信息的最佳方案,例如发现前方有交通事故的车辆及时通知其他车辆的驾驶人,或者传递交通流量信息等。

前面的章节已经提到,车辆自组网的性能依赖于车辆之间的连通性,因为在单跳或者多跳的网络中,可靠的网络连接对传递时间敏感的信息尤为重要。并且,车辆自组网的网络连接与车辆的密度、车辆的(相对)速度,以及车辆使用的发送频段和发送范围都密切相关。

车辆自组网的一维连通性在参考文献[1,2]中有介绍,参考文献[3,4]介绍了车辆自组网的连接感知路由,高速公路和城市中心路段的网络连通性在参考文献［5］中进行了分析。文献［1-4］中列出的方法只考虑了同向行驶车辆之间的网络连接性。为了提高连接性，文献［6,7］提出使用额外的一辆车作为移动基站（BS），文献［8］使用了路侧的基站。在动态性较高的车际网中，很难引入一个高可靠性的基站；在高速公路沿线安装路侧设施从经济角度上讲也不是理想方案。

文献［9］中分析了恒定速度同向行驶和相向行驶场景的网络连通性，并没有考虑汽车速度的随机性和动态地适配发送范围。文献［10-14］介绍了车际网中具有频谱认知能力的动态频段访问。现有的方法都没有考虑当速度随机、密度不同的同向行驶和相向行驶的车辆之间进行车车通信时，动态地适配发送范围以及感知车辆和建立连接的时间带来的影响。

本章也分析了具有可变速率和范围的频谱捷变系统的车辆会在5GHz/2.4GHz ISM频段和5.9GHz DSRC频段之间切换信道，以更好地进行车车通信。车辆自组网的连通性和车辆在通信范围内的持续时间是由车辆的速度和信号的发送范围所决定的（时间 = 发送范围 / 相对速度）。当一个方向上，车流相对速度较慢（当车辆都以相同的恒定速度行驶时，车辆间相对速度接近0），车辆间可以通信的时间就会很长；相反，相向行驶的车流，车辆间相对速度较高，通信时间就会很短，能够交换的信息也因此相对较少。

3.2 系统模型

根据美国国家公路运输安全管理局（NHTSA）的规定[15]，使用车际网通信的车辆必须安装计算和通信装置。这些装置应该使用基于无线认知技术的动态频谱访问，能够在5.9GHz DSRC频段和5GHz/2.4GHz ISM频段之间来回切换[16]。每辆车都会周期性地向网络中的其他车辆广播它的状态信息（位置、速度、方向等）[17]。这一章将分析车辆同向行驶和相向行驶的场景，如图3.1所示。

前面的章节提到过，车辆在通信范围内的持续时间是由车辆的速度和信号的发送范围决定的，也就是说，相对速度较小（较大）时，车辆在通信范围内的时间就多（少）一些，它们就有更长（短）的时间建立连接并且用车际网收发数据进行通信；另一方面，当汽车在高速公路上以较高的速度相向行驶时，它们能够保持在通信范围内的时间就会很短，可能来不及成功地建立连接并交换信息。

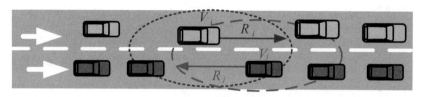

a) 双车道路段单向车流

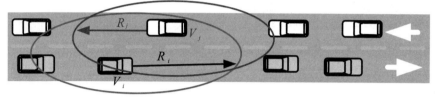

b) 双车道路段双向车流

图 3.1 车辆自组网中车辆行驶方向与相应发送范围示意图

这种设计的主要目的是提高汽车自组网的网络连通性，这样在衰落信道的状况下，车与车通信的单向或者双向的数据流量可以根据所在地区车辆密度（车辆到达率）来调节发送范围和发送功率，射频发射频段也会根据信道状况在 DSRC 和 ISM 之间切换。

3.3 在衰落信道状况下汽车自组网的网络连通性

在上一章，我们基于实际的通信情况，估计了车辆所在地区的车辆密度。这一章，我们将根据一段道路上车辆到达时间间隔[10]来估计所在地区车辆密度，这个到达间隔是车流量 λ 车/s 的指数分布[1]。假设车辆驶入道路的速度是 M 级离散的数值，即速度为 V_i, $i=1, \cdots, M$，每级速率对应的汽车到达率是 λ_i, $i=1, \cdots, M$。那么，每级速率的概率是：

$$P_i = \frac{\lambda_i}{\lambda} \tag{3.1}$$

车间距离的分布相同且相互独立，均为以 ρ 为参数的指数分布：

$$\rho = \sum_{i=1}^{M} \frac{\lambda_i}{v_i} = \lambda \sum_{i=1}^{M} \frac{P_i}{v_i} \tag{3.2}$$

车间距离累计密度函数（CDF）X，根据文献［1］中的定义，

$$F_X(x) = 1 - e^{-\rho x}, \quad x \geq 0 \tag{3.3}$$

无流量约束的车辆速度是符合高斯分布的[18]，车辆最小速度级别 $V_{min}=\mu_v-3\sigma_v$，车辆最大速度级别 $V_{max}=\mu_v+3\sigma_v$。概率密度函数（PDF）如参考文献［1,19］所列，

$$g_V(v) = \frac{f_V(v)}{\int_{v_{min}}^{v_{max}} f_V(v) dv} \tag{3.4}$$

式中，$f_V(v) = \frac{1}{\sigma_v\sqrt{2\pi}}\exp\left(\frac{-(v-\mu_v)^2}{2\sigma_v^2}\right)$是高斯分布的 PDF 函数，其速度均值为 μ_v，标准差为 σ_v。这样，我们就可以将 $g_V(v)$ 记作，

$$g_V(v) = \frac{2f_V(v)}{\text{erf}\left(\frac{v_{max}-\mu_v}{\sigma_v\sqrt{2}}\right) - \text{erf}\left(\frac{v_{min}-\mu_v}{\sigma_v\sqrt{2}}\right)}, \quad v \in [v_{min}, v_{max}] \tag{3.5}$$

公式中 erf(.) 是错误函数，见文献［19］。车辆速度的期望值可以通过以下公式计算：

$$E[V] = \int_{v_{min}}^{v_{max}} v g_V(v) dv \tag{3.6}$$

则路上车辆平均密度的表达式为

$$\rho = \frac{1}{E[X]} = \lambda \sum_{i=1}^{M} \frac{P_i}{v_i} = \frac{\lambda}{E[V]} \tag{3.7}$$

最终，在路段 L 上的车辆平均数为

$$N_e = L\rho \tag{3.8}$$

通过上一章的分析我们可以知道，N_e 可以通过周期性广播的状态信息计算得到。当车辆发送消息的范围大于车间距离时，我们认为车辆之间是相互连接的。高速公路上两辆车之间的距离是以 ρ 为参数的指数分布，文献［18,19］中也分析了当两辆

车处在发送范围 TR 之内时连通的概率 $F(TR)=1-\exp(\rho TR)$，以及一辆车可以与其他 N_e-1 辆车连接的概率是：

$$P_{con} = [1 - \exp(-\rho TR)]^{N_e-1} \quad (3.9)$$

那么，长度为 L 的路段上的车辆数目可以记作：

$$N_t = \frac{L}{S_d} N_{Ln} \quad (3.10)$$

式中，S_d 是车辆之间的安全距离；N_{Ln} 是路上的车道数量之和。因此，一辆车就可以估计符合正态分布的车辆密度为

$$\delta = \frac{N_e}{N_t} \quad (3.11)$$

基于这个估计，每辆车都可以用公式（2.3）去调整自己的发送范围。范围调整后，就可以对应为在衰落信道条件下的发送功率值。这将在下文中介绍。

3.3.1 在衰落信道状况下发送范围和功率

本章介绍如何将上文计算的发送范围，对应到发送功率。假设有 K 路互相独立的无线信道，比如 7 路 5.9GHz DSRC 频段和 11 路 5GHz/2.4GHz ISM，每路的带宽为 W_k，用于车辆信息物理系统之间的无线通信。根据基本的信号传播模型，距离为 z、发送功率为 P_t 时，接收功率为 P_r，其公式为

$$p_r = p_t \underbrace{G_t G_r h_t h_r \left(\frac{1}{4\pi}\right)^2}_{G_e} \frac{\lambda_w^2}{z^{\alpha_p}} = p_t G_e \frac{\lambda_w^2}{z^{\alpha_p}} \quad (3.12)$$

式中，h_t 和 h_r 为发射天线和接收天线的高度；G_t 和 G_r 为发射方和接收方的天线增益；λ_w 是特定频率相应的波长，例如 5.9GHz DSRC 频段 λ_w=5.08cm，2.4GHz ISM 频段 λ_w=12.50cm；$\alpha_p \in [2,4]$ 是无线信号传播的路径损耗指数。对于指定发送范围来说，例如 z=TR，在频谱捷变的汽车自组网中，公式（3.12）中的 p_t 可以表示为

$$p_t = \frac{p_r}{G_e \lambda_w^2} TR^{\alpha_p} \quad (3.13)$$

在频谱捷变网络中，发射功率 p_t 也取决于车载用户选择进行通信的频率（相当于波长 λ_w）。汽车通信时的信噪比（SNR）是这样计算的：

$$\gamma_{i,j} = \frac{p_r}{N_0 W_k} = \frac{p_t G_e \lambda_w^2}{z^{\alpha_p} N_0 W} \quad (3.14)$$

式中，N_0 是噪声的功率谱密度，可以通过 $N_0 = k\tau$ 计算得到，这里接收系统的温度是 τ；玻尔兹曼常数 $k=1.38 \times 10^{-23}$ W/（Hz·K）。请注意，当给定车辆的瞬时 SNR $\gamma_{i,j}$ 低于其期望的最小 SNR $\overline{\gamma}_{i,j}$ 时，即 $\gamma_{i,j} < \overline{\gamma}_{i,j}$，会产生中断，导致车际网通信不可靠。为了测量性能，考虑瞬时 SNR $f(\gamma_{i,j})$ 的概率密度函数是分布相同且相互独立的罗利衰落信道的指数函数，发生中断事件的概率可以计算为

$$P_{i,j}^{out} = Prob[\gamma_{i,j} < \overline{\gamma}_{i,j}] = 1 - \exp\left(-\frac{\overline{\gamma}_{i,j}}{\hat{\gamma}_{i,j}}\right) \quad (3.15)$$

式中，$\hat{\gamma}_{i,j}$ 是 SNR 在时间维度的平均值。因为 $\hat{\gamma}_{i,j} \geq -\frac{\overline{\gamma}_{i,j}}{\ln(1-\hat{P})}$ 时，$P_{i,j}^{out} \leq \hat{P}$ 是成立的，因此可以使用公式（3.15）计算最大允许中断概率 $\hat{P}$。请注意，信噪比低于最低允许值的通信将对其他通信车辆造成不必要的干扰。因此，为了避免对其他通信车辆的干扰，如果不满足所需的 SNR 阈值，则用户应该停止通信，或者从通信中退出。

传输范围的累积密度函数为

$$\begin{aligned}
F_{TR}(z) &= Prob[TR \leq z] \\
&= 1 - Prob[TR > z] \\
&= 1 - Prob[\gamma_{i,j} \geq \overline{\gamma}_{i,j}] \\
&= Prob[\gamma_{i,j} < \overline{\gamma}_{i,j}] \\
&= 1 - \exp\left(-\frac{\overline{\gamma}_{i,j}}{\hat{\gamma}_{i,j}}\right) \\
&= 1 - \exp\left(\frac{\overline{\gamma}_{i,j} z^{\alpha_p} N_0 W}{p_t G_e \lambda_w^2}\right)
\end{aligned} \quad (3.16)$$

则平均传输范围可被计算为

$$E[TR] = \int_0^\infty [1-F_{TR}(z)]\,dz$$

$$= \frac{\Gamma(1/\alpha_p)}{\alpha_p}\left[\frac{p_t G_e \lambda_w^2}{\bar{\gamma}_{i,j} N_0 W_k}\right]^{1/\alpha_p} \quad (3.17)$$

式中，$\Gamma(.)$ 是伽马函数。式（3.17）说明了传输范围、功率、路径损耗指数以及频率/波长之间的关系。

3.3.2 相向行驶时的 V2V 连接

本节介绍双向流量时的车车连接。当两车相向行驶时，它们处在同一个通信覆盖区域的时间会很短。这个时间段取决于两辆车的速度、发送消息的范围。基于这些参数，这个单跳（点对点）网络将建立通信，并后续进一步交换信息。我们考虑 A 是关联时间（包括信道感测和/或切换时间）；B 是数据交换时间（成功连接后剩下的时间）；C 是车车通信时，在给定发送范围内的所有可用时间。关联时间，也叫连接建立时间，与使用的无线通信技术相对应。例如 ZigBee 无线通信关联时间通常为 30ms，Wi-Fi 是 600ms 等。

成功地建立连接和交换数据，要满足 $A+B \leqslant C$ 的条件。车辆间成功关联和交换数据的概率，可以用下式表示：

$$P_s = P_r\{A + B \leqslant C\} \quad (3.18)$$

则 $1-P_s$ 就是不成功的数据交换的概率，可能是只传送了部分数据，或者根本没有数据交换。对于速度为 v_i 和 v_j 的两辆车来说，车车通信的所有可用时间是：

$$C = \begin{cases} \frac{z}{v_i+v_j}, & z \leqslant \min\{R_i, R_j\}, \quad \forall v_i, v_j \\ 0, & 否则 \end{cases} \quad (3.19)$$

式中，$z = \sqrt{(x_i - x_j)^2 + (y_i - y_j)^2}$，是位置在 (X_i, Y_i) 的车辆和位置在 (X_i, Y_i) 的车辆之间的距离。同时，z 要满足 $z \leqslant \min\{R_i, R_j\} \leqslant 1000\text{m}$，$R_i$ 和 R_j 分别是这两辆车的消息发送范围，1000m 是 IEEE 802.11p WAVE 协议设定的发送范围最大限值。

值得注意的是，车辆之间的通信范围重叠是一个随机过程，与以前车辆通信连

第3章 在衰落信道的状况下汽车自组网频谱捷变实现自适应网络连接

接时的时间/距离重叠无关。以 λ 为参数的泊松分布[23,18]可以用来描述两辆车存在于相互的通信范围内的过程。下面我们来分析一下车车通信中，关联时间（包括连接建立时间和频谱捷变系统中信道切换时间）是如何影响数据交换时间的。假设上文提到的 C 是一个随机变量，$C \geqslant 0$，并且 C 表示车辆间通信关联时间和数据交换时间在内的所有时间。C 符合以 β 为变量的泊松分布，则变量 C 的 CDF 函数可以记作：

$$F_C(C) = 1 - e^{-\beta C}, \quad C \geqslant 0 \tag{3.20}$$

同理，变量 B 的 CDF 函数可以记作：

$$F_B(B) = 1 - e^{-(B+A)\beta} \tag{3.21}$$

因此，B 的 PDF 函数可以记作：

$$f_B(B) = \beta e^{-(B+A)\beta} \tag{3.22}$$

最终，数据交换时间的期望值可以表示为

$$\overline{B} = E[B] = \int_0^\infty B\beta e^{-(B+A)\beta} dB = \frac{1}{\beta} e^{-A\beta} \tag{3.23}$$

为了完全交换 S bit 大小的信息，汽车应先满足以下时间条件：

$$B \leqslant \overline{B}$$

式中，B 是用数据发送速率 D_r 进行车车通信时，成功传送 S bit 消息所用时间，可以表示为

$$B = \frac{S}{D_r} \tag{3.24}$$

消息成功交换的概率取决于关联时间、所使用的无线技术的速率、进行通信的两辆车的相对速度和需要发送的消息大小。因此，这个概率可以表示为

$$P_s = Pr\{A + \overline{B} \leqslant C\} \qquad (3.25)$$

如果条件 $A+\overline{B} \leqslant C$ 不成立,汽车就无法通过单跳网络完全交换大小为 S bit 的消息,这就是所说的通信失败的一种。在汽车网络里交换部分信息是没有意义的,相向行驶的汽车是不会在通信的范围内保持很长时间的。

3.3.3　同向行驶时的 V2V 连接

本节介绍同向行驶时的 V2V 连接。当车辆同向行驶时,相对速度较小;两车速度相同时,相对速度为 0。当速度和目的地比较一致时,两车可能在双方的通信范围内保持很长时间。这个时间段的长度取决于指定时间内车辆的速度、加速度和通信范围。例如,当两辆行驶的车的间距大于它们的发送范围时,它们之间的链路将被中断,它们不能使用单跳通信彼此联络。当它们回到对方的通信范围内时,它们需要在交换实际信息之前再次建立连接。文献[10,19,24]给出,距离为 z 的两辆车之间存在通信链路的概率是符合对数正态分布的:

$$F(z) = P\{X \leqslant z\} = \frac{1}{2} + \frac{1}{2}\text{erf}\left(\frac{z - \mu_z}{\sigma_z^{\sqrt{2}}}\right) \qquad (3.26)$$

式中,X 是车辆间距离的随机变量。如上所述,当车辆之间的距离满足以下条件时,车辆可以使用 DSRC 标准中的单跳链路与对方车辆进行无线通信

$$z \leqslant \min\{R_i, R_j\} \leqslant 1000\,\text{m} \qquad (3.27)$$

请注意,车辆的发送范围(如 R_i 和 R_j)是根据本地车辆密度和数据冲突率(2.3)动态调整的。一旦两辆车在通信范围内,可以使用它们的初始速度、加速度和时间间隔来估计在一段时间 t 之后它们是否还可以通信。对于具有初始速度 $v(0)$ 的给定车辆,在时间 t 的瞬时速度 $v(t)$ 可以被计算为

$$v(t) = v(0) + \int_0^t a(y)\,\text{d}y \qquad (3.28)$$

式中,$a(y)$ 是在时间 y 的给定车辆的加速度。使用公式(3.28),给定车辆在给定

时间间隔 $[0, t]$ 内行驶的距离计算为

$$D(t) = \int_0^t v(y)\mathrm{d}y \tag{3.29}$$

因此，对于时间间隔 $[0, t]$，使用公式 (3.29) 可以计算车辆 i 和 j 行驶的距离，分别为 $D_i(t)$ 和 $D_j(t)$。那么，车辆 i 和车辆 j（车辆 i 跟随车辆 j，初始距离为 z）在时间间隔 $[0, t]$ 后之间的距离可以记为

$$D_e = I(i, j)[D_i(t) - D_j(t)] + z \tag{3.30}$$

式中，$I(i, j) \in \{1, -1\}$，即如果 $D_i(t) > D_j(t)$，则 $I(i, j) = -1$，否则 $I(i, j) = 1$。经过时间 $[0, t]$ 后，如果车辆之间仍然能够进行无线通信，那么时间 t 内行驶的距离不应大于重叠范围，且不应超过 1000m（DSRC 标准的上限），也就是说，

$$D_e \leqslant \min\{R_i, R_j\} \leqslant 1000 \text{ m} \tag{3.31}$$

如果不满足上述条件，车辆间将不能使用单跳网络相互通信。链路断开后，当车辆再次进行无线通信时，必须从建立连接开始重新启动完整的过程。

3.4 性能评估

前面几节所介绍的分析，可以通过模拟得到数值结果，来评估其性能。对于模拟场景，考虑长度为 10mile 的公路段，其中利用到达率 λ 车辆 /s 的泊松过程来生成正在进入路段的车辆，每辆车以非负平均速度 μmile/h 和标准差 σmile/h 进入给定路段。

在第一个实验中，对于不同速度均值和标准差的车辆来说，正常的本地车辆密度与车辆到达率的变化规律如图 3.2 所示。可以看出，车辆密度随着到达率的增加而增加，如图 3.2 所示。此外，对于给定的到达率（比如 0.3），当平均速度增加时，局部车辆密度减小 [从 $\mu = (15 \pm 2)$ mile/h 的 0.45 到 $\mu = (70 \pm 10)$ mile/h 的 0.096]。正如预期的那样，当车辆到达率高并且移动缓慢时，道路上的本地车辆密度相对较高。

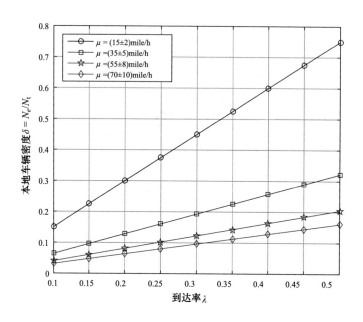

图 3.2 针对不同的平均速度和标准差估算本地车辆密度与车辆到达率的关系

其次,不同速度和到达率的车辆,其网络连接概率随传输距离的变化而变化的曲线如图 3.3 所示。需要注意的是,1000m 是 5.9GHz IEEE 802.11p DSRC 频段允许的最大发送范围。从图 3.3 中可以看出,对于给定的到达率,当车辆的平均车速和标准差增加时,网络连接概率减小。同样,车辆在同样速度和标准差的前提下,到达率越高,网络连通率越高。例如,对于到达率 $\lambda = 0.30$ 和速度 $v = (70 \pm 15)$ mile/h,网络连通概率约为 0.45;而对于到达率 $\lambda = 0.55$,具有相同速度 $v = (70 \pm 15)$ mile/h,连接概率约为 0.95。类似地,对于给定的到达率和给定的发送范围,如图 3.3 所示,当速度降低时,网络连接概率增加。而到达率固定时,当车辆在道路上的密度变得稀疏,车辆可能以不同的速度快速移动,网络连接率会下降。同样,对于给定的平均速度和标准差,当到达率增加时,车辆密度也增加,所以网络连接概率增加。

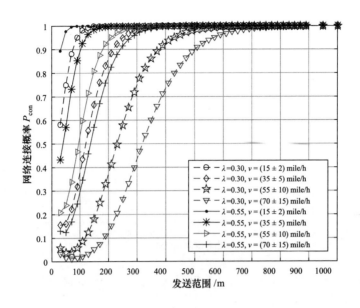

图 3.3 车辆不同速度和到达率时网络连接概率与发送范围的关系

接下来看一下,在 1000m DSRC 通信范围上限的前提下,V2V 通信可用时长与车辆相对速度的变化如图 3.4 所示,以直观地显示用于建立连接和实际信息交换的时间的最大值。例如,以相对速度大约 140mile/h(即相反方向上均为大约 70mile/h)相向行驶的车辆,有大约 1596ms 可以进行相互之间的单跳通信(可用于通信建立和信息交换)。请注意,当发送范围低于 1000m 时,可用重叠时间将短于 1596ms。而且,当相对速度降低时,给定的发送范围的总通信持续时间增加,如图 3.4 所示。换言之,当车辆以较小的相对速度行驶时,它们可以长时间保持在通信范围内,建立连接并交换实际信息。

但是,对于某一发送范围,相同方向行驶的车辆由于相对速度小于相反方向行驶的车辆,车辆之间能够进行通信的时间更长。特别是当车辆以相同的速度行驶时,相对速度几乎为零。在这种情况下,车辆可以根据其目的地保持彼此的通信范围内很长的时间(几乎是无限的)。

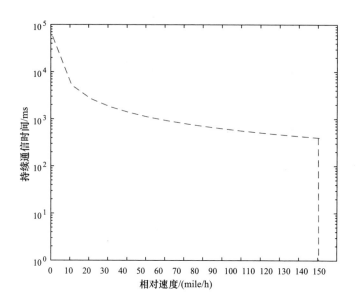

图 3.4　车辆沿相反方向行驶时对于不同的相对速度 V2V 的持续通信时间的上限

基于 IEEE 802.11p 的无线接入技术，使用 DSRC 频带的车际网络的提出，是为了支持具有非常短的时延要求（大约 $100\mu s$~50ms）的通信[17]，并且信息交互必须在不到 100ms 内完成。因此，根据车际网络的通信环境，成功建立连接（包括信道感测）所需的时间被认为在 30~100ms 之间。对于频谱捷变车际网络通信，当车辆进行信道感知以寻找空闲信道并通过关联过程建立连接时，连接建立时间应包括频带之间的切换时间（例如从 5.9GHz DSRC 频带到 2.4GHz ISM 频带或反之）和关联时间。总可用时间先进行连接建立，然后剩余的时间用于车辆通信的实际数据交换。对于给定发送范围 1000m 的 IEEE 802.11p WAVE DSRC 标准中的 3Mbit/s 和 27Mbit/s 数据速率，在成功建立连接后信息总传输大小的变化如图 3.5 所示。值得注意的是，仿真得到的数据传输大小略低于分析得出的数据传输大小，因为车辆高速行驶会引起传输错误。此外，对于给定的数据速率和发送范围 1000m（IEEE 802.11p WAVE DSRC 标准中允许的最大发送范围），图 3.5 显示了汽车信息物理系统间可以交换的数据大小。请注意，如果在车际网中需要交换的数据量比较大，例如 100MB，比在 27Mbit/s 数据传输速率和 1000m 传输距离条件下能交换的最大数据量——63MB 还要大时，那么车辆将不会完全使用单跳交换完所有信息。

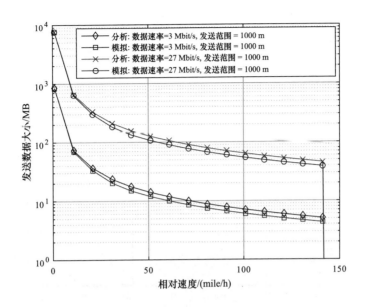

图 3.5　不同相对速度时发送数据大小的变化

在最后的实验中，假定车辆以 50mile/h 的平均速度和 20mile/h 的标准差行驶（这个速度均值和标准差可以反映出典型的城市限速和公路限速）。成功关联并进行数据交换的概率 P_s 随着三种不同情景的模拟时间的变化曲线如图 3.6 所示。当设定所有车辆发送范围均为 250m 时，因为车辆速度不同，相对快速移动所以网络断开，数据交换成功的概率在一段时间后从 98% 下降到 0，如图 3.6 所示。同样，在所有车辆的传输距离都是固定的 500m 的情况下，概率值从 97% 下降到零所经历的时间为 198s，比 250m 传输距离下的 98s 要长一些，如图 3.6 所示。

另一个场景，发送范围能够基于对本地车辆密度的估计动态调整（在 DSRC 标准中不超过 1000m）。这时车辆间通信成功的概率值会较高，并且车辆可以成功地交换信息的时间比前面两种情况更长。当车辆根据本地车辆密度调整其相应的发送范围时，成功连接的概率会有一个小幅下降，主要是由于车辆在飞驰的过程中可能需要几分之一毫秒的时间来调整发送范围，或在频谱捷变系统中切换频道。

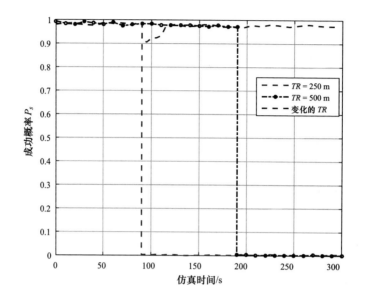

图 3.6 固定传输距离和自适应传输距离≤1000m 情况下成功概率（P_s）与仿真时间的变化关系

3.5 总结

本章介绍了相向行驶的车辆以及同向行驶的车辆在衰落信道环境下的车际网络连通性，车辆之间的通信链路是短暂的，尤其是在车辆密度稀疏的情况下。已经观察到，当基于本地车辆密度的估计而动态地调整发送范围和频带，并且切换到合适的频带（基于车际网络的操作条件）时，通信连接概率可以显著提高。这方面的效果已经通过模拟仿真的数值结果得到了验证。

参考文献

1. S. Yousefi, E. Altman, R. El-Azouzi, and M. Fathy, "Improving connectivity in vehicular ad hoc networks: An analytical study," *Computer communications*, vol. 31, no. 9, pp. 1653–1659, 2008.
2. N. P. Chandrasekharamenon and B. AnchareV, "Connectivity analysis of one-dimensional vehicular ad hoc networks in fading channels," *EURASIP Journal on Wireless Communications and Networking*, vol. 2012, no. 1, pp. 1–16, 2012.
3. G. Yan and S. Olariu, "A probabilistic analysis of link duration in vehicular ad hoc networks," *Intelligent Transportation Systems, IEEE Transactions on*, vol. 12, no. 4, pp. 1227–1236, 2011.
4. V. Naumov and T. R. Gross, "Connectivity-aware routing (CAR) in vehicular ad-hoc networks," in *INFOCOM 2007*, 2007, pp. 1919–1927.
5. M. Artimy, "Local Density Estimation and Dynamic Transmission-Range Assignment in Vehicular," *Intelligent Transportation Systems, IEEE Transactions on*, vol. 8, no. 3, pp. 400–412, 2007.
6. S. Yousefi, E. Altmaiv, R. El-Azouzi, and M. Fathy, "Connectivity in vehicular ad hoc networks in presence wireless mobile base-stations," in *7th International Conference on ITS 2007*, 2007, pp. 1–6.
7. S. Yousefi, E. Altman, R. El-Azouzi, and M. Fathy, "Analytical model for connectivity in vehicular ad hoc networks," *Vehicular Technology, IEEE Transactions on*, vol. 57, no. 6, pp. 3341–3356, 2008.
8. S.-I. Sou and O. K. Tonguz, "Enhancing VANET connectivity through roadside units on highways," *Vehicular Technology, IEEE Transactions on*, vol. 60, no. 8, pp. 3586–3602, 2011.
9. S. Panichpapiboon and W. Pattara-Atikom, "Connectivity requirements for self-organizing traffic information systems," *Vehicular Technology, IEEE Transactions on*, vol. 57, no. 6, pp. 3333–3340, 2008.
10. D. B. Rawat and S. Shetty, "Enhancing connectivity for spectrum-agile vehicular ad hoc networks in fading channels," in *Intelligent Vehicles Symposium Proceedings, 2014 IEEE*, 2014, pp. 957–962.
11. G. Marfia, M. Roccetti, A. Amoroso, M. Gerla, G. Pau, and J.-H. Lim, "Cognitive cars: constructing a cognitive playground for VANET research testbeds," in *Proceedings of the 4th International Conference on Cognitive Radio and Advanced Spectrum Management*, 2011, p. 29.
12. N. Cheng, N. Zhang, N. Lu, X. Shen, J. Mark, and F. Liu, "Opportunistic spectrum access for cr-vanets: A game theoretic approach," in press.
13. D. B. Rawat, Y. Zhao, G. Yan, and M. Song, "CRAVE: Cognitive Radio Enabled Vehicular Communications in Heterogeneous Networks," in *IEEE RWS'2013*, January 2013, pp. 190–192.
14. D. B. Rawat, B. B. Bista, and G. Yan, "CoR-VANETs: Game Theoretic Approach for Channel and Rate Selection in Cognitive Radio VANETs," in *Broadband, Wireless Computing, Communication and Applications (BWCCA), 2012 Seventh International Conference on*, 2012, pp. 94–99.
15. "The US NHTSA Final Regulatory Evaluation. http://www.nhtsa.gov/DOT/NHTSA/Rulemaking/Rules/AssociatedFiles/EDRFRIA.pdf."
16. D. B. Rawat, M. Song, and S. Shetty, *Dynamic Spectrum Access for Wireless Networks*. Springer, 2015.
17. "Standard Specification for Telecommunications and Information Exchange between Roadside and Vehicle Systems5 GHz Band Dedicated Short Range Communications (DSRC) Medium Access Control (MAC) and Physical Layer (PHY) Specifications (Accessed on January 10, 2014). URL: http://www.astm.org/Standards/E2213.htm."
18. R. Roess, E. Prassas, and W. McShane, *Traffic Engineering*, 2010.
19. A. Papoulis and S. Pillai, *Probability, random variables and stochastic processes*. McGraw-Hill Science/Engineering/Math, 2001.

20. D. B. Rawat, D. C. Popescu, G. Yan, and S. Olariu, "Enhancing VANET performance by joint adaptation of transmission power and contention window size," *Parallel and Distributed Systems, IEEE Transactions on*, vol. 22, no. 9, pp. 1528–1535, 2011.
21. T. Rappaport, *Wireless Communications: Principles and Practice*. Prentice Hall PTR New Jersey, 2002.
22. R. Krasteva, A. Boneva, G. Vesselin, and I. Stoianov, "Application of Wireless Protocols Bluetooth and ZigBee in Telemetry System Development," *Problems of Engineering, Cybernetics, and Robotics*, vol. 55, pp. 30–38, 2005.
23. R. Troutbeck and W. Brilon, *Unsignalized Intersection Theory*, 1997.
24. Z. Liu, J. Almhana, and R. McGorman, "Approximating lognormal sum distributions with power lognormal distributions," *Vehicular Technology, IEEE Transactions on*, vol. 57, no. 4, pp. 2611–2617, 2008.

第4章 信息物理系统构建的汽车自组网的信息安全

4.1 概述

本章将介绍基于信任的智能网联汽车信息物理系统的信息安全机制,包括概率方法和确定方法两种。这两种方法都是汽车基于相互交换获得的信息,来确定收到的消息的合法性,进一步决定是否在网络中继续转发消息还是丢弃。

智能网联汽车信息物理系统的车车通信功能适合时效性要求高的紧急通信,因为与路侧设施之间的通信相比,车车通信时延较小。但是汽车自组网通信一直以来都受到安全性和隐私保护的困扰。如果用汽车的自身标识,可以对车辆进行认证以保证安全性,也可以对车辆的行为进行审计。但是这种情况下,隐私保护就成为问题,因为车辆自身标识往往和汽车的所有者、驾驶人或者租用者的信息相关。因此,智能网联汽车的信息物理系统需要的是既能保护隐私又能实现安全地通信。汽车自组网在不使用汽车自身标识的前提下,如何判断接收到的消息的可信度是一个亟待解决的问题。智能网联汽车的信息物理系统向区域内设施和驾驶人转发信息的目的是提高交通效率和减少交通事故,降低尾气排放。交通事故问题是世界各国都面临的问题。美国国家公路交通安全管理局2012年发布的报告显示,在美国每15min就有一人死于交通事故[11]。此外,由于交通拥堵,造成了数十亿小时的工作时间和数十亿加仑的燃料的浪费[7, 13, 17]。每年增加的成千上万的新车,带来更多的污染、交通拥堵和交通事故。不过,通过汽车之间建立的无线通信网络进行自动的道路信息传递,可以有效地减少交通事故和交通拥堵。近期,学术界和行业都对这方面展开了研究,包括车车通信论坛[4]、NoW项目[12]、PReVENT项目[15]、

ORBIT 项目[5]和 PATH 项目[3]等。

智能网联汽车信息物理系统可以使用多种无线通信技术构建网络。仅使用路侧设备进行通信时，信息物理系统的安全性和消息的可信度都容易验证，因为集中管理的路侧设施可以记录消息的转发轨迹和参与消息传递的汽车。但是，如果要经过单跳或者多跳路侧设施，从消息的发送方车辆到接收方车辆的时延就会较高。正如前面所强调的，高延迟的数据不适合信息物理系统需要传递的紧急消息。

在车车通信的网络中，车辆起到的作用类似路由器、消息源或者消息接收方。因为不使用汽车的真实标识，所以从信息安全的角度验证收到的信息是否合法就有一定的难度。最近有一些关于汽车自组网的信息安全方面的研究，例如基于可信的信息安全[18,20]，基于地点的安全性[21]，以及共享的功能安全信息[32]等。借助第三方"可信中心"，并且运用加密算法和协议对汽车自组网进行安全防护的解决方案并不吸引人，主要是因为如何建立信任仍然是个问题，同时从经济角度讲也不可行。

本章将介绍通过分布性技术对智能网联汽车的信息物理系统进行安全防护，通过自动发现和判定恶意汽车和恶意驾驶人，来保证只接收真实可信的消息。当车辆发现接收的消息是不合法的，车辆就会丢弃这条消息，不再向其他车辆转发；同时向驾驶人发送警告信息。下面将介绍两种解决方案：概率方法和确定方法。概率方法是基于从很多车辆收集到的消息是否包含警告信息，来判断当前接收消息或者当前通信车辆的可信度；确定方法是通过估计通信的两辆车之间的距离来判断收到的信息是否合法。两车之间的距离可以通过车辆的定位信息和接收到的信号的强度来计算。计算出来的距离，被用来验证接收信息的真实性。计算距离的这些参数是通过大量周期性广播的信息[7,13,26]和汽车定位[1,8,25]获得的。

4.2　汽车自组网的可信性

本节将介绍基于可信的信息安全。实际上，有两类可信模型：集中式和分布式[9,10,14,20,22,23,28,29,31,33,34]。

在集中式模型中，有一个中心控制单元通过可信值来管理网络中的信息安全。基于轻量目录访问协议（LDAP）的目录服务器的证书回收机制[34]可以做到实时

第4章　信息物理系统构建的汽车自组网的信息安全

地启用更新的证书回收列表。异常行为发现机制[22]可以进一步增强汽车自组网的可信度管理。集中式模型中，系统会给车辆分配一个数字化的暂用名[6]，用来标识汽车的合法身份。在这基础上，进一步改进为暂用名可以根据地域信息变化[2]，特别是很多汽车在同一个通信范围时。当一个通信范围的汽车数量很少时，这种机制是不会被启用的。

在分布式模型中，车车之间交换的信息被用来计算汽车自组网中车辆的可信级别[9, 10]。只基于一条交换信息计算出的信任度很可能会导致误报。基于信誉的用户隐私保护[29]通过设置一组"管理者"角色，来杜绝汽车自组网中的消息不一致和攻击。

可信模型的核心点主要在于：使用暂用名，并通过算法修改暂用名；设置一组管理者角色进行统一管理；通过与通信对方单一交换确定信任；离线分配群组标识。由于汽车自组网网络拓扑快速变化，在汽车自组网中实施暂用名有一定的难度；使用"管理者"群的方式又会导致传输时延的增加，这就不利于紧急消息的传播。此外，基于单一参数和单一交换建立的信任度又可能不准确。因此，有必要建立一个自动化的、分布式的可信模型，来兼顾智能网联汽车信息物理系统的安全性和隐私保护。汽车信息物理系统可以通过可信级别来保证安全性；同时计算可信级别所基于的多种方式（参数、通信各方的交换信息）并没有使用车辆和驾驶人的真实标识，因此也保护了隐私。

上文提到过，可信是车辆信息物理系统安全性的重要因素。与汽车信息物理系统通信的路侧通信设施（包括蜂窝通信网络和互联网）可以建立和维护长期的可信度，尽管建立的过程可能会较长。通常我们认为无线通信的基础设施（例如蜂窝网络的基站和Wi-Fi接入点等）都默认具备较高的可信度。这种情况可以只作一些小的调整就可应用已有的各种可信模型。但是，因为汽车自组网的拓扑结构快速变化，需要有针对性地考虑可信管理的规划、实施和评估。在汽车自组网中，当车辆在通信范围内时，车辆之间开始信息交换。当车与车相距很远的时候，汽车不可能通过单跳就获得另外一辆汽车发出的信息。实际上，大多数的车辆是通过临近车辆获得消息。车辆驶上高速公路就加入了汽车自组网，离开高速同样也能相应地就离开了自组网。如果没有适当的可信管理机制，智能网联汽车的信息物理系统就会遭受到恶意车辆的攻击，例如散播伪造消息。确保汽车信息物理系统和网络不受恶意攻击的安全机制要在保护驾驶人和乘客的隐私信息[21]的同时，保证车辆和驾驶人的可信度和可靠性。可信安全模型能够从根本上防止汽车信息物理系统遭受来自网络的攻击，对接收到的消息进行验证可以拒绝恶意驾驶人发出的消息，从而保护网络和网络中的其他车辆[20]。使用可信模型可以避免泄露个人信息，隐私保护的程度在使用车辆间无线通信的前后应该是一样的[27]。通常来说，汽车自组网对汽车信息物理系统隐私方面的问题是：跟踪车辆/驾驶人，修改信息等。汽车自组网针对隐私保护的基本原则是：保护参与自组网通信的车辆/驾驶人，只将信息分享给授权用户，对抗非授权用户的攻击。每辆车应能够对所收到的其他车辆发送的信息进行评估、做出判定并进行反应，这个过程只验证收到的信息是否可靠，而不会侵犯车辆或车主的隐私。

4.3 分析

本节将介绍通过分析接收到的消息是否可信，来检测恶意车辆/驾驶人的两种方法：概率性方法和确定性方法。

4.3.1 检测恶意车辆/驾驶人的概率性方法

假定给定车辆 i 在时隙 t 向网络上发送消息 $M_i(t)$。车辆 i 以概率 p_a 来攻击网络，将消息改变 δ，即 $M_i(t) \pm \delta$，就是说消息包含额外的信息或从原始消息中删除某部分信息。

此外，由于接收到的信噪比（SNR）低，消息可能被破坏。当瞬时信噪比大于其 SNR 阈值时，信息不会改变。因为瞬时 SNR 比给定阈值低而造成错误的概率可以记为

$$P_{i,snr} = P_r\{\gamma_i < \overline{\gamma}_i\} = 1 - P_r\{\gamma_i \geq \overline{\gamma}_i\} \tag{4.1}$$

4.3.1.1 恶意车辆/驾驶人检测

对于给定的地理位置，当 N 辆汽车参与的网络中至多有一个恶意驾驶人时，对

恶意车辆/驾驶人 i 的怀疑级别可以表示为

$$\pi_i(t) \equiv P(T_i = M | \mathcal{O}_t) \quad (4.2)$$

式中，T_i 是判定驾驶人可能是恶意（M）或正常（H）；$\mathcal{O}_t$ 是间隔 t 收集的观察值（即 $[0, t]$）。使用贝叶斯标准，恶意车辆/驾驶人 i 的怀疑程度可以表示为

$$\pi_i(t) = \frac{P(\mathcal{O}_t | T_i = M) P(T_i = M)}{\sum_{m=1}^{N} P(\mathcal{O}_t | T_m = M) P(T_m = M)} \quad (4.3)$$

在现实中，任意车辆为恶意的概率为 $P(T_i = M) = \rho = P(\mathcal{O}_t | T_m = M)$。那么，对于给定车辆 i，其怀疑级别函数 $\pi_i(t)$ 可以表示为

$$\pi_i(t) = \frac{\prod_{\tau=1}^{t} \rho_i(\tau)}{\sum_{j=1}^{N} \prod_{\tau=1}^{t} \rho_j(\tau)} \quad (4.4)$$

提醒注意的是，公式（4.4）给出当瞬时 SNR 大于或等于 SNR 阈值时的怀疑级别判定，即不考虑由于噪声引起的信号损坏。当由于噪声/干扰而导致信号损坏时，或者当瞬时 SNR 小于 SNR 阈值时，怀疑级别函数可以记为

$$\pi_i(t, \gamma_i) = \pi_i(t) \times P_{i,snr}$$

$$= \frac{\prod_{\tau=1}^{t} \rho_i(\tau)}{\sum_{j=1}^{N} \prod_{\tau=1}^{t} \rho_j(\tau)} \times Pr\{\gamma_i < \overline{\gamma}_i\} \quad (4.5)$$

完成对给定车辆的怀疑级别的估计后，就可以计算其信任级别了，信任级别和怀疑级别是概率互补的。对于怀疑级别 $\pi_i(t, \gamma_i)$，给定车辆/驾驶人 i 的信任级别 $\hat{\phi}_i(t, \gamma_i)$ 可以通过以下公式计算：

$$\hat{\phi}_i(t, \gamma_i) = 1 - \pi_i(t, \gamma_i) \quad (4.6)$$

请注意，$\hat{\phi}_i(t, \gamma_i)$ 给出的是参与车辆/驾驶人 i 的可信度，从而可以得到所接收消息的可信性。用于检测恶意车辆的算法见算法 1[20]。

算法 1 Single Malicious Driver/Vehicle Detection

1: **Input**: messages from participating vehicles and an initial threshold λ_T
2: **repeat**
3:    compute trust values $\{\hat{\phi}_i(t, \gamma_i)\}_{i=1}^N$
4:    **for** each vehicle i **do**
5:       **if** $\hat{\phi}_i(t, \gamma_i) < \lambda_T$ **then**
6:          vehicle/driver i is untrustworthy so the message from i is removed.
7:       **else**
8:          vehicle/driver i is trustworthy so the message from vehicle i is kept.
9:       **end if**
10:   **end for**
11: **until** end of observation time
12: **Output**: trustworthy message (and detect the malicious driver).

每辆汽车运行算法 1，并判断消息的可信性。如果消息是可信的，将其转发给其他车辆；否则将消息丢弃。注意，算法 1 中的阈值可以基于历史信息计算得到，并且对于不同的车辆这个阈值可以是不同的。

由于车辆的行驶速度高，车辆网络的拓扑是动态变化的，任何车辆都可以加入网络或者离开网络。因此，有可能在网络中存在多个恶意的驾驶人/车辆，这就需要将单个恶意驾驶人/车辆检测扩展，以检测多个恶意驾驶人/车辆。可以认为在车际网络中，一组恶意驾驶人 $\mathcal{M}$ 是所有参与车辆 N（即 $\mathcal{M} \subset \{1, 2, \cdots, N\}$）的子集。当所有驾驶人/车辆是可以信任的正常用户时，则 $\mathcal{M} = \emptyset$。为了不失一般性，首先可以认为车际网是一个由正常的诚实的驾驶人/车辆所构成的网络，即集合 $\mathcal{M}$ 为零，$\mathcal{M} = \emptyset$。当使用算法 1 检测到车辆/驾驶人为恶意用户时，可以将该驾驶人/车辆放入子集 $\mathcal{M}$。那么恶意车辆/驾驶人的怀疑程度可以表示为

$$\pi_{\mathcal{M}(t)} \equiv P(T_j = M, \forall j \in \mathcal{M}, T_m = H, \forall m \notin \mathcal{M} | \mathcal{O}_t) \tag{4.7}$$

对于一组特定的恶意驾驶人 Θ，怀疑级别的贝叶斯公式可以表示为

$$\pi_{\mathcal{M}(t)} = \frac{P(\mathcal{O}_t | \mathcal{M}) P(\mathcal{M})}{\sum_\Theta P(\mathcal{O}_t | \Theta) P(\Theta)} \tag{4.8}$$

第 4 章 信息物理系统构建的汽车自组网的信息安全

一旦计算出给定时间 t 的车辆子集 M 的怀疑级别，就将其与给定的阈值进行比较。如果怀疑级别高于给定的阈值，则判定 M 中的所有驾驶人都是恶意的。此外，当接收到的信号有噪声且信号有损失时，怀疑级别可以表示为

$$\pi_{\mathcal{M}}(t, \gamma_M) = \pi_{\mathcal{M}}(t)\{P_{i,snr}\}_{\forall i \in \mathcal{M}} \quad (4.9)$$

然后，可以利用怀疑级别 $\pi_M(t, \gamma_M)$ 计算信任级别[20]：

$$\hat{\phi}_{\mathcal{M}}(t, \gamma_M) = 1 - \pi_{\mathcal{M}}(t, \gamma_M) \quad (4.10)$$

基于上述分析的、用于检测多个恶意驾驶人的算法步骤如算法 2[20] 所示。请注意，当车辆检测到所接收到的消息为恶意消息时，将不再把消息转发给其他车辆，并丢弃恶意消息，也不基于恶意消息进行任何决策。

算法 2 Multiple Malicious Driver Detection

1: **Input**: messages from N participating vehicles over the observation period t, malicious drivers set $\mathcal{M} = \emptyset$ and an initial threshold value $\lambda_{\mathcal{M}}$.
2: **repeat**
3:    Fetch *Algorithm 1* for each vehicle $i \in \{1, \ldots, N\}$ and put a driver in to a malicious set $\mathcal{M}$ if the driver is malicious one according to *Algorithm 1*.
4:    **for** each vehicle $i \in \{1, \ldots, N\}$ **do**
5:      compute trust values $\hat{\phi}_{\mathcal{M}}(t, \gamma_i)$ using Eq. (4.10)
6:      **if** $\hat{\phi}_{\mathcal{M}}(t, \gamma_i) < \lambda_{\mathcal{M}}$ **then**
7:        the message from a set of drivers $\mathcal{M}$ is removed.
8:      **else**
9:        Fetch *Algorithm 1* to check whether a given driver/vehicle m in the set $\mathcal{M}$ is malicious one or not.
        If the driver is malicious, then keep it in the set $\mathcal{M}$ OTHERWISE, remove it from the set $\mathcal{M}$.
10:      **end if**
11:    **end for**
12: **until** end of the observation time
13: **Output**: trustworthy message.

4.3.1.2 概率性方法的效果分析

为了验证上一节所述的分析，我们构建了以下车辆自组网场景：进入道路段与从道路段退出的车辆的速度是相同的，道路段长度为 10mile（16093.44m），为四车道高速公路。假设所有车辆使用 IEEE 802.11p WAVE DSRC 标准中规定的使用最大发送范围 1000m（最大传输功率 35dBm）[26, 30]。假定车辆使用 IEEE 802.11p

WAVE DSRC 设备进行通信,将信息交换给其相邻的车辆。车辆驶入的速率为 $\lambda=$ 1(车/s)/车道,平均车速为(60±10)mile/h。每个车辆接收来自相邻车辆的消息,并且存在高斯噪声破坏信号。当瞬时 SNR 高于或等于其最小 SNR 阈值时,接收到的消息被认为是无差错的,即无线传播误差的因素不影响判定消息是否可信的计算。然而,当瞬时 SNR 小于所需的最小 SNR 阈值时,会产生由传播引起的错误,信任级别将受到该错误的影响。在这种情况下,接收车辆会认为该消息由发送车辆改变,从而判定发送车辆为恶意的车辆。

通过第一个实验,我们得到图 4.1 中所示的信任级别(几次测试中的平均值)与 SNR 值的变化关系。在仿真时,一些车辆被设置为通过随机地改变消息的内容并将它们修改后的消息传送给其相邻车辆的恶意车辆。如图 4.1 所示,信任值随 SNR 值的增加而增加。对于所有 SNR 值,从真实车辆/驾驶人接收的真实消息的信任级别保持在 0.5 以上的值,恶意车辆/驾驶人的信任级别都低于 0.5,如图 4.1 所示。在这种情况下,可以选择阈值 $\lambda_T = 0.5$ 来区分从恶意驾驶人接收到的恶意消息。阈值应根据历史记录和本地操作环境进行更新。不同车辆的阈值可能不同。

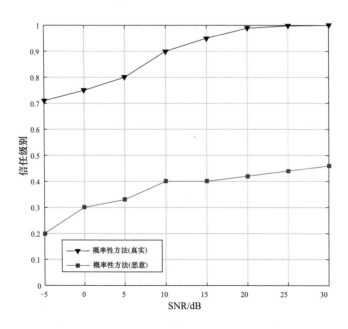

图 4.1 信任级别与 SNR 之间的关系

如果只根据单个消息就判断给定的车辆是否是恶意,对于某些车辆来说是不公平的,所以判定是根据包含驾驶人的短期历史记录的观察期内的所有消息做出的。请注意,随着观察期时间的增加,决策将更加准确;但是,如果做出决定所需的时间很长,可能不适合对时间敏感的关键消息。因此,应考虑观察时间与判定所需时间之间的平衡。上文所提出的概率性方法通过计算可信性来保证汽车信息物理系统的安全,并不使用车辆/车主的任何私人信息,从而同时做到了隐私保护。

4.3.2 检测恶意车辆/驾驶人的确定性方法

本节将介绍一种确定性方法,通过使用如图 4.2 所示的两种不同方法计算出的距离来检测接收到的消息的可信度,以判断恶意车辆/驾驶员。以下小节将呈现两种不同的用于计算距离以检测接收到的消息的合法性,从而检测恶意车辆保护车际网安全的方法。

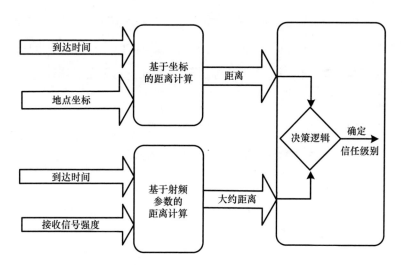

图 4.2 使用基于接收信号强度和地点坐标估计的距离的决策逻辑

4.3.2.1 基于位置坐标的距离

基于距离的方法使用的是在车际网中周期性交换的消息。根据 DSRC 标准[26,30],每辆车每秒通过控制通道广播/报告周期信息 10 次,以便附近的其他车辆知道其位置。车辆自组网中的周期性信息包含车辆位置在内的轨迹信息。

对于给定时间实例 n,可以使用 Haversine 距离来计算处在不同经度和纬度的

两辆车,即 (ϕ_1, ψ_1) 和 (ϕ_2, ψ_2) 的距离[24]:

$$d_c^{(i)}(n) = 2R \arcsin \sqrt{\sin^2 \frac{(\phi_1 - \phi_2)}{2} + \cos(\phi_1)\cos(\phi_2)\sin^2 \frac{(\psi_1 - \psi_2)}{2}} \quad (4.11)$$

式中,R 是地球半径(平均半径为 6 371km)。

使用公式(4.11),可以计算任意两辆汽车之间的距离。此外,为了提高距离计算的准确性,还可以考虑到达时间(TOA)。

4.3.2.2 基于接收信号强度的距离

车辆使用基于 DSRC 标准的发射功率[26, 30],并与周边车辆一起周期性共享状态消息。对于给定的发射功率 $p_t^{(i)}$,接收功率 $p_r^{(i)}$ 可以按以下公式计算[16]:

$$p_r^{(i)} = \frac{p_t^{(i)}}{d_p^{(i)\alpha}} \quad (4.12)$$

其中接收功率的级别仅取决于发射功率 $p_t^{(i)}$、距离 $d_p^{(i)}$ 和用于乡村和城市的不同的路径损耗指数 $\alpha = [2, 4]$。α 的值可以根据道路标识的速度限制来估计,这可以通过 GPS 系统获取。例如,高速限制和低速/城市速度限制意味着通信环境分别是农村和乡镇/城市。

对于给定的发射功率(根据 DSRC 标准应为常数),在城市环境的路径损耗指数 $\alpha = 4$ 的条件下,给定车辆 i 在给定时间 n 的距离 $d_p^{(i)}$ 为

$$d_p^{(i)}(n) = \left(\frac{p_t^{(i)}}{p_r^{(i)}}\right)^{\frac{1}{4}} \quad (4.13)$$

如前所述,消息的到达时间也可以作为参考,来增加估计的准确性。

图 4.3 中给出了给定 SNR 条件下,接收功率和使用 DSRC 的车辆的距离的关系,显示出 SNR 值较低时,接收功率波动比较大。此外,如预期的那样,接收功率降低时说明距离增加,反之亦然。

有了结合到达时间计算得到的两个距离值:$d_p^{(i)}$ 和 $d_c^{(i)}(n)$,就可以检测从车辆接收的消息的可信性,从而保证汽车信息物理系统的安全。

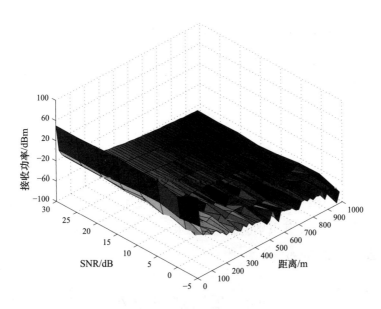

图 4.3 信号接收功率与发射和接收车辆之间不同信噪比以及车辆距离的变化[20]

4.3.2.3 通过两个距离计算可信性

在理想情况下,如果发送消息的车辆是合法的,距离 $d_c^{(i)}$ 和 $d_p^{(i)}$ 应该是相等的(理想情况下这两个距离之差应等于零)。在车际网中,由于车辆的速度较高,可能存在一些位置估计的误差。可以考虑使用公差来修正这个误差。因此,当两个距离 $d_c^{(i)}$ 和 $d_p^{(i)}$ 之间的差在容许极限 ε 之内时,发送消息的车辆被认为是合法的,差值记作:

$$D_i(n) = |d_c^{(i)}(n) - d_p^{(i)}(n)| \tag{4.14}$$

如果时间 n 时的差 D_i 小于公差极限,我们假设两个距离相等并属于同一车辆,否则距离值不属于同一车辆。也就是说,当满足条件 $D_i(n) < \varepsilon$ 时,车辆判定是与合法车辆通信。否则,车辆认为是在与恶意车辆通信。由于估计误差的存在,有可能几辆正在发送消息的汽车到接收汽车的距离都是相等的,这就会导致误报 p_{fa}[20]。

汽车 i 的怀疑级别可以定义为

$$\psi_i = \min\{1, \frac{D_i}{d_c^{(i)}}\} \tag{4.15}$$

考虑到传输时的噪声，怀疑级别会受到信噪比的影响，则怀疑级别的表达式变为

$$\bar{\psi}_i = \psi_i \times P_{i,snr} = \psi_i \times P_r\{\gamma_i < \bar{\gamma}_i\} \quad (4.16)$$

相应的汽车 i 的信任级别为

$$\bar{\phi}_i = 1 - \bar{\psi}_i \quad (4.17)$$

公式（4.17）中，当 $D_i = 0$ 时，信任级别 $\bar{\phi}_i$ 为 1，意味着使用两种不同方法估计的距离完全相等。信任级别的值不可能大于 1，或者小于 0。那么，N 个参与通信的车辆的总体信任度被定义为[20]

$$\bar{\Phi}_t = \sum_{j=1}^{N} e^{\bar{\phi}_j^k}(A_j \times B_j) \quad (4.18)$$

式中，k 是惩罚因子；当 $D_j < \varepsilon$ 且车辆是恶意的时候，$A_j = -1$，否则为 $A_j = 1$；而当 $D_j > \varepsilon$ 且车辆是合法的时候，$B_j = -1$，否则 $B_j = 1$。

在图 4.4 中，道路上的车辆 V_0 使用公式（4.11）计算与其正在进行通信的其他

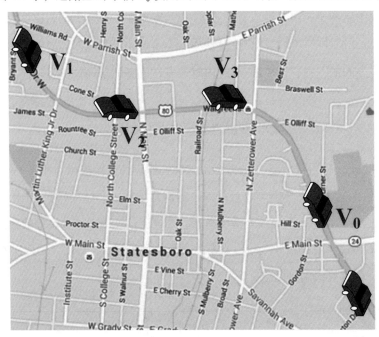

图 4.4　5 辆车在高速公路上行驶的场景，车辆 V_0 估计它与前方其他发送车辆间的距离

车辆 V_1、V_2 和 V_3 的距离，距离值分别为 $d_c^{(i=1)}$ = 166.43，$d_c^{(i=2)}$ = 85.00，$d_c^{(i=3)}$ = 49.24。一旦车辆 V_0 从其他车辆（例如从车辆 V_1）获得实际消息，就会用公式（4.13）计算与发送消息的车辆的距离。计算得到的结果 $d_p^{(i=1)}$ 会与 $d_c^{(i=1)}$ 进行比较，来检查接收到的消息的有效性。在理想情况下，对于给定的时间，$d_p^{(i=1)} = d_c^{(i=1)}$。例如，基于 RSS，车辆 V_0 和 V_1 之间的距离 $d_p^{(i=1)}$ = 100。然后，车辆 V_0 会丢弃从车辆 V_1 接收的消息，因为差值 $D_{i=1}$ = 56.23，大于公差 ε = 10。类似地，如果 V_0 接收到 V_2 发送的实际消息，则重复以上过程。当多于一辆车的估计距离相等时，给定车辆就会使用包含在常规状态广播信息中的坐标或方向信息，来确定车辆的位置。

以上分析形成算法，如算法 3 所示。和概率性方法一样，如果消息是合法的，则车辆将向其他车辆转发收到的消息。否则，消息被忽略和丢弃。

算法 3 Deterministic approach for finding legitimate message

1: **Input**: Initial transmit power p_t and the tolerance ε.
2: **for** all vehicles **do**
3:    **while** message is received **do**
4:       Determine the distance $d_c^{(i)}$ using Eq. (4.11).
5:       Determine the distance $d_p^{(i)}$ using Eq. (4.13).
6:       Compute D_i using Eq. (4.14).
7:       **if** $D_i > \varepsilon$ **then**
8:          Discard the received message from vehicle i.
9:       **else**
10:          The received message is trustworthy one.
11:       **end if**
12:    **end while**
13: **end for**
14: **Output**: Legitimate message and trust level.

4.3.2.4 性能评估

为了评估确定性方法的性能，我们使用 4.3.1.2 小节描述的模拟场景。恶意用户是指部分或全部更改消息和/或错误地报告其地理位置坐标的用户。每辆车都会以将近每秒 10 次的频率与周围车辆交换状态信息，信息里包括车辆的位置坐标，可以用来计算距离。此外，当给定车辆接收到常规消息时，它也会根据 RSS 计算与发送车辆的距离。

使用算法 3 得到的接收信息的可信值，其随着不同的 SNR 值、不同数量的可信驾驶人和不同惩罚因子的变化曲线如图 4.5a~c 所示。图 4.5a~c 中的曲线／曲面下面的区域表示正确的决策区域，这意味着如果针对给定车辆计算的信任值低于该表面，则给定车辆是可信的，并且消息应当被转发给其他车辆；表面以上的区域是错误的决定，不应该将消息转发给其他车辆。图 4.5a~c 显示随着惩罚因子 k 的增加，正确的决策区域增加（相当于错误的决策区域减少）。值得注意的是，正如预期，正确的决策区域也随着 SNR 值的增加而增加，如图 4.5a~c 所示。

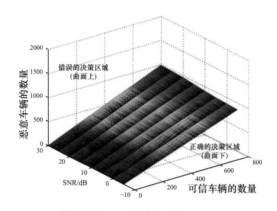

a) 惩罚因子 k =0.5时的决策区域

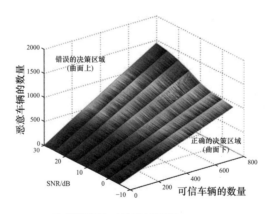

b) 惩罚因子 k =2时的决策区域

图 4.5　不同的惩罚因子时，可信度与错误／正确决策区域，
正确的决策区域随着惩罚因子的增加而增加[20]

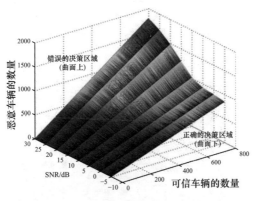

c) 惩罚因子 $k=5$ 时的决策区域

图 4.5 不同的惩罚因子时，可信度与错误/正确决策区域，

正确的决策区域随着惩罚因子的增加而增加[20]（续）

4.3.3 概率性方法和确定性方法相结合

本节对概率性方法、确定性方法和组合（先确定性，然后再概率性）方法进行比较。每个车辆都采用确定性方法来检查距离差 D_i 是否在给定的容差范围内。如果通信对端在容差范围内，则车辆再应用算法 4 中给出的概率性方法进行计算。

算法 4 Combined Approach

1: **Input**: Message from peers
2: **repeat**
3:    **for** each vehicle i **do**
4:       Calculate the distance D_i.
5:       **if** vehicle is legitimate (i.e., $D_i < \varepsilon$) **then** Apply probabilistic approach as mentioned in Algorithm 2.
6:       **else**
7:          Discard the message received from vehicle i.
8:       **end if**
9:    **end for**
10: **until** message is received from other peers
11: **Output**: trust level, trustworthy message, or malicious driver i.

对于确定性方法、概率性方法和两者组合形成的方法，信任水平随 SNR 值变化的曲线如图 4.6 所示。从图 4.6 可以看出，组合方法是最好的，可以过滤全部恶意消息。

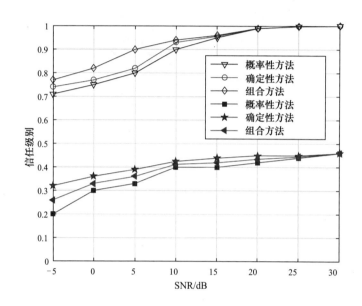

图 4.6　不同信噪比值时车辆的信任等级

然而，组合方法做出决策所需要的时间是最长的，确定性方法做决策的时间是最少的，如图 4.7 所示。确定性方法使用单个实例计算信任级别来做出决定，而概率性方法需要一些观察时间来做出决定，因此概率性方法比确定性方法需要更多的做决定时间。此外，组合方法对较低的信噪比会给出较高的信任等级，但是需要更多的时间来做出决定。确定性方法在做出决策所需时间方面是最好的，但是坐标估计可能会有误差。并且 RSS 可能会高度衰减，从而可能造成汽车信息物理系统不准确的决定，进而误导通信。

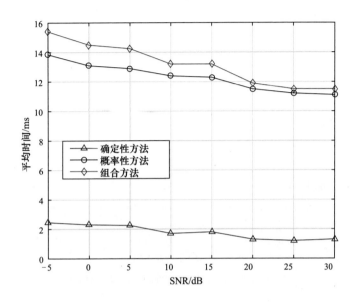

图 4.7　比较在不同信噪比时,对车辆可信做出决策所需的平均时间,
概率性方法的平均观测时间设置为约 10ms

最后,图 4.8a 和图 4.8b 给出了根据 Dempster-Shafer 理论(DST)[28],不同攻击者百分比的情况下转发恶意消息的概率,包括概率性方法和确定性方法。从图 4.8a 和图 4.8b 中可以看出,由于恶意车辆会经过双重审查,所以组合方法在这方面的效果会比较好。如图 4.8a 所示,当恶意车辆的信任等级低于信任临界值时,概率性方法的结果跟确定性方法差不多。组合方法给出了最好的结果,但是如图 4.7 所示,需要更多的时间来做出决定。

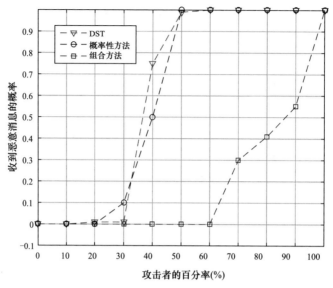

a) 攻击者的平均信任等级(0.8)高于信任临界值0.6

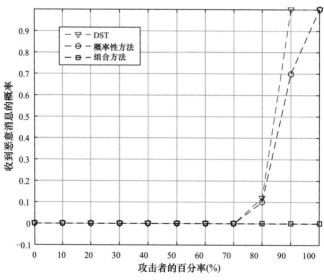

b) 攻击者的平均信任等级(0.3)低于信任临界值0.6

图 4.8 不同百分率的攻击者时各方案性能比较,包括使用加权投票[14, 23]的概率性方法和组合方法,以及 DST 理论[28]

4.4 总结

本章提出了确定信任级别的概率性方法和确定性方法，用于过滤恶意信息以保障汽车信息物理系统的安全性。车辆根据从其他车辆收到的信息进行评估、决策和处置。确定性方法使用基于到达时间（TOA）和车辆的地理定位（位置坐标）的 RSS，计算车间距离，来判断接收到的消息的信任水平。组合方法在滤除恶意消息方面效果较好，但是需要较长时间来做出决定。本章还列举了通过大量模拟得到的数值结果，来对性能进行评价。

参考文献

1. P. Bahl, V. Padmanabhan, RADAR: an in-building RF-based user location and tracking system, in *IEEE INFOCOM*, vol. 2 (2000), pp. 775–784
2. A.R. Beresford, F. Stajano, Mix Zones: user privacy in location-aware services, in *PERCOMW 2004, Washington, DC, USA* (2004), p. 127
3. California Partners for Advanced Transit and Highways (PATH) (2010). http://www.path.berkeley.edu/
4. Car to Car Communication Consortium (C2CCC) (2010). http://www.car-to-car.org/
5. DISCO Lab (2010). http://discolab.rutgers.edu/traffic
6. F. Dotzer, Privacy issues in vehicular ad hoc networks, in *Privacy Enhancing Technologies* (2005), pp. 197–209
7. H. Hartenstein, K. Laberteaux (eds.), *VANET: Vehicular Applications and Inter-Networking Technologies* (Wiley, New York, 2010)
8. T. He, C. Huang, B. Blum, J. Stankovic, T. Abdelzaher, Range-free localization schemes for large scale sensor networks, in *Proceedings of the 9th Annual International Conference on Mobile Computing and Networking* (2003), pp. 81–95
9. U. Minhas, Intelligent agents in mobile vehicular ad hoc networks: leveraging trust modeling based on direct experience with incentives for honesty, in *Proceedings of the 2010 IEEE/WIC/ACM International Conference on Web Intelligence and Intelligent Agent Technology (WI IAT)* (2010), pp. 243–247
10. U. Minhas, J. Zhang, T. Tran, R. Cohen, Towards expanded trust management for agents in vehicular ad-hoc networks. Int. J. Comput. Intell. Theory Pract. (IJCITP) **5**, 3–15 (2010)
11. National Highway Traffic Safety Administration 2012 Report. http://www.nhtsa.gov/staticfiles/administration/pdf/Budgets/FY2012_Budget_Overviewv3.pdf
12. Network on Wheels (NoW) (2010). http://www.network-onwheels.de/
13. S. Olariu, M.C. Weigle (eds.), *Vehicular Networks: From Theory to Practice* (CRC Press/Taylor & Francis, Boca Raton, 2009)
14. B. Ostermaier, F. Dotzer, M. Strassberger, Enhancing the security of local danger warnings in VANETs-a simulative analysis of voting schemes, in *The Second International Conference on Availability, Reliability and Security, 2007. ARES 2007* (2007), pp. 422–431
15. PREVENT project (2010). http://www.prevent-ip.org
16. T. Rappaport, *Wireless Communications: Principles and Practice* (Prentice Hall PTR, New Jersey, 2002)
17. D.B. Rawat, G. Yan, in *Infrastructures in Vehicular Communications: Status, Challenges and Perspectives*, ed. by M. Watfa, (eds.) (IGI Global, 2010)

18. D.B. Rawat, B.B. Bista, G. Yan, M.C. Weigle, Securing vehicular ad-hoc networks against malicious drivers: a probabilistic approach, in *Proceedings of the 5th International Conference on Complex, Intelligent, and Software Intensive Systems*, June 2011
19. D.B. Rawat, D.C.Popescu, G. Yan, S. Olariu, Enhancing VANET performance by joint adaptation of transmission power and contention window size. IEEE Trans. Parallel Distrib. Syst. **22**(9), 1528–1535 (2011)
20. D.B. Rawat, G. Yan, B.B. Bista, M.C. Weigle, Trust on the security of wireless vehicular ad-hoc networking. Ad Hoc Sens. Wirel. Network. **24**(3-4), 283–305 (2015)
21. M. Raya, J.-P. Hubaux, The security of vehicular ad hoc networks, in *SASN '05: Proceedings of the 3rd ACM Workshop on Security of Ad Hoc and Sensor Networks* (ACM, New York, 2005), pp. 11–21
22. M. Raya, P. Papadimitratos, I. Aad, D. Jungels, Eviction of misbehaving and faulty nodes in vehicular networks. IEEE J. Sel. Areas Commun. **25**(8), 1557–1568 (2007)
23. M. Raya, P. Papadimitratos, V. D. Gligor, J.-P. Hubaux, On data-centric trust establishment in ephemeral ad hoc networks, in *The 27th Conference on Computer Communications, INFOCOM 2008. IEEE* (2008), pp. 1238–1246
24. D. Rick, Deriving the haversine formula, in *The Math Forum*, April 1999
25. P. Rong, M. Sichitiu, Angle of arrival localization for wireless sensor networks, in *2006 3rd Annual IEEE Communications Society on Sensor and Ad Hoc Communications and Networks, 2006. SECON'06*, vol. 1 (2007), pp. 374–382
26. R. Sengupta, Q. Xu, DSRC for safety systems. Calif. PATH – Partners Adv. Transit Highw. **10**(4), 2–5 (2004)
27. J. Serna, J. Luna, M. Medina, Geolocation-based trust for vanet's privacy, in *4th International Conference on Information Assurance and Security, ISIAS'08* (2008), pp. 287–290
28. G. Shafer, *A Mathematical Theory of Evidence*, vol. 1 (Princeton University Press, Princeton, 1976)
29. A. Tajeddine, A. Kayssi, A. Chehab, A privacy-preserving trust model for VANETs, in *Proceedings of the 2010 IEEE 10th International Conference on Computer and Information Technology (CIT)* (2010), pp. 832–837
30. Vehicle Safety Communications Project Task 3 Final Report: Identify Intelligent Vehicle Safety Applications Enabled by DSRC. Vehicle Safety Communications Consortium consisting of BMW, Daimler-Chrysler, Ford, GM, Nissian, Toyota, and VW
31. P. Wex, J. Breuer, A. Held, T. Leinmuller, L. Delgrossi, Trust issues for vehicular ad hoc networks, in *Proceedings of the IEEE Vehicular Technology Conference (VTC Spring 2008)* (2008),pp. 2800–2804
32. Q. Xu, T. Mak, J. Ko, R. Sengupta, Vehicle-to-vehicle safety messaging in dsrc, in *Proceedings of the 1st ACM International Workshop on Vehicular Ad Hoc Networks* (2004), pp. 19–28
33. J. Zhang, A survey on trust management for VANETs, in *Proceedings of the 2011 IEEE International Conference on Advanced Information Networking and Applications (AINA)* (2011), pp. 105–112
34. S. Zhang, H. Wang, An improved delta and over-issued certificate revocation mechanism, in *Proceedings of the 2008 ISECS International Colloquium on Computing, Communication, Control, and Management* (2008), pp. 346–350

第 5 章 计算、通信和其他车载信息物理系统亟待解决的问题

5.1 概述

如前几章所述,交通事故和拥堵在全球范围内继续恶化。每年制造和销售的车辆数量正在增加,所以交通问题格外受到重视。交通问题导致更多的事故和死亡事件,以及对环境和经济的不利影响。全球范围内正在共同努力,旨在解决一系列问题,包括减少交通事故、减少拥堵、减少燃油消耗、缩短堵车时间、改善运输安全。本章介绍了不同参数如通道感测时间、关联时间、车辆数量、车辆相对速度、发送范围重叠、数据卸载等是如何影响使用无线技术交换交通信息的智能车辆信息物理系统的通信的。此外,本章还提供了可用于车辆信息物理系统的实时通信和计算的备选方案。

5.2 介绍

随着无线技术的进步和轻型手持设备的使用,世界已经随时随地都可以进行连接、通信。嵌入式系统、传感器和无线网络提供了物理组件(车辆,道路)与构成车辆信息物理系统的网络世界(网络,计算)相连接的机会[1]。车辆信息物理系统需要通过无线通信网络获得实时反馈,提醒驾驶人或者控制车辆,保证功能安全和提供信息娱乐服务。对于车车通信或车路通信[1],可以采用针对专用短距离通信的 IEEE 802.11p WAVE 标准。为了计算的目的,车辆可以将集群形成为私有云,或者可以依赖于公共云/互联网或公共云和专用车辆云的混合云,这取决于要满足的需求和设想的应用。毫无疑问,在车辆信息物理系统中,计算和通信应该是具有弹

性、可靠的，这样就不会因为使用信息物理系统而破坏安全和隐私。据美国国家高速公路安全局统计，大多数事件是由人为错误造成的。通过信息物理系统技术进行自动化事件检测和信息传播，我们可以减少或消除人为错误造成的事故和死亡，目前这类错误占每年 600 万起汽车碰撞事故的 93%。同样，机场拥塞和跑道入侵问题，也可以通过这些技术进行改善。

5.3 汽车信息物理系统自适应通信

汽车信息物理系统预计将使用各种无线技术用于通信，如 WiMAX、Wi-Fi、蓝牙、ZigBee、WAVE、蜂窝、卫星等，如图 5.1 所示。

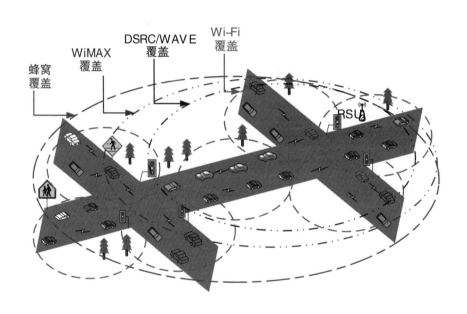

图 5.1 频谱捷变车内信息物理系统的无线通信

如前一章所述，汽车信息物理系统具有许多物理部件，如车辆、驾驶人、机械装置、传感器、道路基础设施等。汽车信息物理系统网络具有以下特点[2]：

第5章 计算、通信和其他车载信息物理系统亟待解决的问题

- 因为是由快速移动的车辆组成的网络，汽车信息物理系统组成的网络拓扑具有动态变化的特点。
- 人员/驾驶人行为会影响汽车信息物理系统网络拓扑结构，因为他们会随时加入或退出网络。
- 本地车辆密度取决于是否是城市、农村、城乡接合部、商务区等，和交通信号灯分布等因素也相关。
- 大多数现有的无线接入技术并不是为快速移动的车辆设计的，而汽车信息物理系统又是安装在能够快速移动的车辆上的。
- 汽车信息物理系统被认为具有无限的功率、无限的存储和无限的计算能力，这是车际网络与其他无线网络不同的地方。
- 汽车信息物理系统的通信应具有弹性，并且能以较低时延传输安全类消息，这样可以保证紧急事件的及时传播。
- 信息娱乐和多媒体消息要占用很多带宽，因此多媒体应用程序在汽车信息物理系统的低带宽网络中容易受到影响。

在汽车信息物理系统中，车辆可以使用车车通信通过单跳或多跳网络进行信息交换，或者如图 5.1 所示使用不同的无线接入技术的车路/路车通信。请注意，当授权频段在一定的时间和位置处于空闲状态时，车辆用户就可以扫描无线频谱以找到空闲频道并且"借机"使用这些频道，并且不会对本来授权的用户造成任何有害干扰。由于消息在车辆之间直接交换，因此对于时间敏感信息的单跳通信，延迟明显较低。此外，车车通信还可以在一些特定的条件下发挥作用，比如说当所有其他道路基础设施过载或不可用时传递撤离消息等。如上所述，无线技术的选择取决于车辆网络规划的所需要支持的应用。如果给定的车辆能够选择使用不同的无线网络，它应该选择适合各类信息交换的最佳网络。根据 DSRC 要求，每个车辆需要在一定时间间隔内广播其定期状态信息（包括其速度、加速度、地理位置、方向等）。该周期性的状态信息应包括频谱感测信息，通告感测信息可以帮助确定在一定时间和位置的空闲信道。根据接收到的信息，车辆寻找可以"借机"使用的空闲信道。车辆通过对接收到信号 $r(t)$ 的两个判定逻辑，以确定特定信道是否空闲。当接收

到的信号恰好只是噪声（假设为 $\mathcal{H}_0$）时，被测信道是空闲的；当信道具有噪声和信号（假设为 $\mathcal{H}_1$）时，被测信道是繁忙的。可以表示为

$$r(t) = n(t) \quad \mathcal{H}_0$$

$$r(t) = x(t) + n(t) \quad \mathcal{H}_1$$

车辆可以使用基于能量的检测，通过将接收到的信号的能量与给定阈值进行比较来判定给定信道是空闲还是忙碌的。这里需要注意的是对于给定车辆 k，如果通道正忙，则假设 $\mathcal{H}_1$ 为真，$S_k = 1$，否则 $S_k = 0$。所有参与的车辆都可以使用这种方法来识别该信道是否空闲。

为了降低错误检测和误报的可能性，车辆可以使用协同频谱感测（又称合作频谱感测），用一组车辆用户协同感知判定授权信道用户信号的存在，以提高感测性能，特别是在衰落信道环境下的感测性能。对于周期性共享状态信息的车辆用户 k 来说，$k = 1, 2\cdots$ 二进制感测信息 $S_k \in \{0, 1\}$，车辆可以综合其他车辆的感测结果，做出关于频谱信道状态的决定，用 (d) 表示。车辆可以采用"与"逻辑（∪）进行判定[译]：

$$d = \cup_{\forall k} s_k \tag{5.1}$$

当所有 S_k 的值都为 1 的时候，才判定为 1。这是一个比较保守的做法。同样，汽车也可是使用"或"逻辑（∩）进行判定：

$$d = \Pi_{\forall k} s_k. \tag{5.2}$$

当任意一个 S_k 的值为真的时候，就判定 d 为真。这可能会导致车辆强行使用通信信道，对授权的主要用户造成有害的干扰。

均衡以上两种方式，车辆可以使用以多数为基础的决定，记作：

⊖ 译者注：原文如此。逻辑符号和逻辑关系还请读者注意。

$$d = 1 \text{ 若 } \sum_{k=1}^{K} s_k > \frac{K}{2}$$

$$d = 0 \text{ 否则} \tag{5.3}$$

这种"少数服从多数"的方案可以提高判定的准确度,减少感知的不确定性。

基于信道状态,车辆可以调整使用合适的空闲信道建立连接,并交换交通信息。车辆通信总时间可以表示为

$$\text{Total duration } (t) = \text{sensing time} + \text{association time} + \text{info. exchange time.} \tag{5.4}$$

"感测时间"(Sensing time)包括车辆之间计算和信息传递带来的延迟。当使用云端计算方案时,感测时间还包括将数据从车辆传输到云,在云端进行计算的时间以及计算结果从云传输到车辆所需的时间。

如前几章所述,当车车通信用于车载信息物理系统时,有两种不同的情况:

- 情况1:同向行驶,其中车辆往相同的方向移动,相对速度几乎为零,并且它们可以长时间保持在彼此的通信范围内;

- 情况2:相向行驶,车辆以较高的速度在相对的两个方向上移动,导致在连接建立和信息交换的范围内的时间较短。

本章将介绍在这两种情况下,计算方式的选择和相应的挑战。同向行驶车辆可以构建车辆自组网的私有云[3,4]并进行计算,而在相向行驶的情景中车辆可以使用公共云或公共云和车辆自组网私有云的组合进行计算。

5.4 汽车信息物理系统的计算方案

智能汽车可以单独执行计算,不需要其他车辆或云计算服务的帮助。但是,为了减少或消除单个车辆计算引起的不确定性并提高整体性能,车辆可以使用不同类型的计算方案:用于协同处理的车辆自组网的私有云,数据上传运算的公共/互联网云,或车辆自组网的私有云和公共云的混合。

5.4.1 公有云计算

在公有云计算方案中,车辆可以将其信息上传到 Microsoft、IBM 和亚马逊等公共云上,进行汇总和处理,如图 5.2 所示,其中所有计算都在远端执行,车辆从云端获取处理后的结果信息。

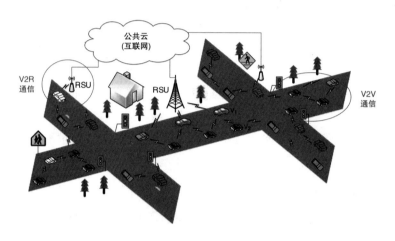

图 5.2 车辆使用公有云计算方案

这种方案的一个主要的问题是延迟,因为数据必须从车辆上传到云端,云端完成数据处理,再由云将车辆所需的结果返回给车辆。对于那些对延迟要求不高的应用程序,可以利用公共云进行计算。此外,根据应用需求,汽车信息物理系统可以使用公共云和车辆自组网私有云的组合来避免不必要的延迟。

5.4.2 私有云计算

在汽车信息物理系统中,假设所有车辆都具备通信和计算能力,可以被认为是没有限制的电力、存储和计算能力,车辆可以在行驶中形成分布式计算云并提供计算服务[3]。在这种情况下,车辆可以形成集群以共享和处理信息,或者聚合用于进一步传输的信息,如图 5.3 所示。

不同无线网络/信道密度的数据上传云端效率的变化如图 5.4 所示。从图中还可以看出,网络/信道密度的值越高(数据速率越高),上传效率也就更高。

第5章 计算、通信和其他车载信息物理系统亟待解决的问题

图 5.3　车辆使用私有云计算方案

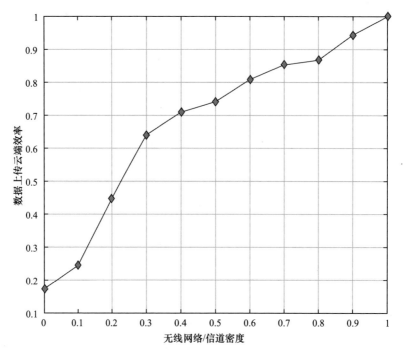

图 5.4　不同的无线网络/信道密度所对应的上传云端效率

5.5　性能评估

本节将介绍大量的仿真结果,来说明车车通信中,车辆的通信方式以及可以交换多少信息。特别需要注意的是,对于相对速度为 s 的、具有重叠传播范围 d 的两辆车,车辆持续通信的时间 t 可以计算为:

$$t = \frac{d(\mathrm{m})}{s(\mathrm{m/s})} \quad (5.5)$$

该持续时间用于车际网络通信的感测、数据上传、关联和交换信息。

第一个实验的结果见图 5.5,它反映了不同传播范围和相对速度情况下,通信持续时间的变化。在车车通信中,对于相同方向移动的车辆,由于车辆的相对速度较低(或零),车辆具有较长的(或无限的)通信时间。然而,对于相反方向移动的车辆,如图 5.5 所示,由于相对速度高而只有很短的通信时间。图 5.5 中给出的,是在给定发送范围和相对速度时通信持续时间的上限,用于汽车信息物理系统通信时的信道感测、连接建立和信息交换。此外,图 5.5 中的总持续时间随着相对速度的增加而减小。类似地,如图 5.5 所示,通信持续时间随着发送范围的增加而增加。

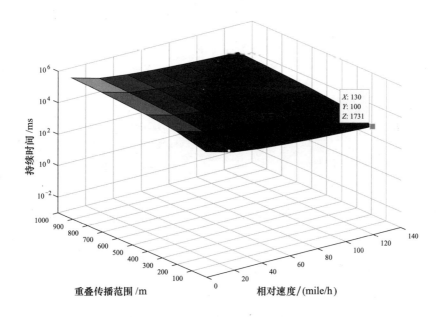

图 5.5 通信持续时间与给定发送范围和相对速度的关系

图 5.6 中反映的是成功的感测和关联之后的剩余通信时间与相对速度和发送范围之间的关系。其中感测和关联的时间总和被认为是 100ms,剩余的通信时间用于交换汽车信息物理系统中的实际交通信息。可以看出,成功的车际网络通信取决于成功的感测并使用空闲信道,建立无线收发器之间的通信链路。

接下来,当成功的感测和关联时间被认为是 1s 时,实际通信剩余的持续时间如图 5.7 所示。可以看出,当车辆需要很长时间来感知信道或找到空闲信道并建立通信链路时,它们用于实际通信来交换交通信息的时间就变得更少。如图 5.7 所示,当相对速度高于 100mile/h,发送范围小于 400m 时,已经没有时间再进行信息交换了。

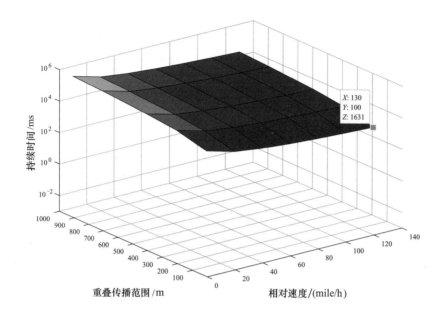

图 5.6　在感测和关联时间为 100ms 时通信持续时间与给定发送范围和相对速度的关系

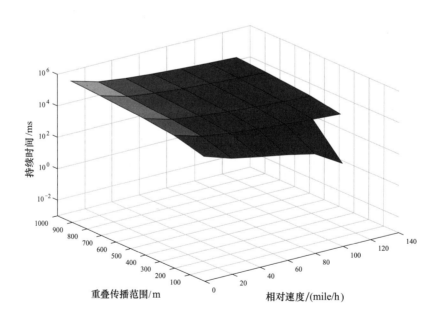

图 5.7　在感测和关联时间为 1s 时通信持续时间与给定发送范围和相对速度的关系

当总感测和关联时间为 4s 时，成功关联之后留下的通信时间见图 5.8。如前所述，对于 400m 或更小的发送范围，相对速度超过 40mile/h 的情况下，传输信息时间就为 0 了。

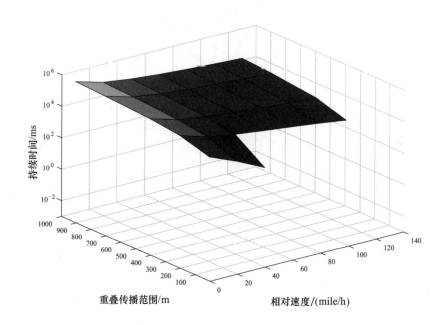

图 5.8　在感测和关联时间为 4s 时通信持续时间与给定发送范围和相对速度的关系

下面分析一下当车辆使用 4s 时间进行感测和关联时，可以在车辆之间交换的数据大小的最坏情况。如图 5.9 所示，对于较高的相对速度，交换的数据大小较小；并且对于较短的发送范围，所交换的数据也较小。

最后，我们建议一个模拟场景：设置共享相同无线信道（10Mbit/s 链路）的 100 辆汽车，使用 CSMA/CA 交换信息，其中总感测和关联时间为 4s。当 100 辆车需要共享信道时，每辆车的数据速率都会降低，如图 5.10 所示。正如预期的那样，当相对速度较高并且发送范围较小时，交换信息的数据大小相对较小。

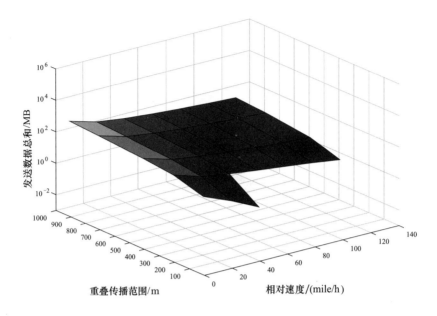

图 5.9 当感测和关联时间为 4s 时对于不同的给定发送范围和相对速度，使用 10Mbit/s 链路交换的数据大小

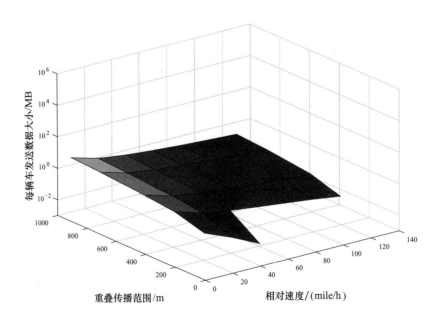

图 5.10 当感测和关联时间为 4s，100 辆车共享同一通道时，对于不同的给定发送范围和相对速度，每辆车使用 10Mbit/s 链路交换的数据大小

目前汽车信息物理系统存在的问题

汽车信息物理系统目前还停留在自主操作阶段。随着嵌入式系统、传感器网络和无线系统的发展,网联通信功能也有了一定的进展[1, 2]。为了进一步充分发挥汽车信息物理系统的潜力,需要解决以下问题。

- 网络安全:使用无线网络时很可能会伴生新的安全漏洞。因此,需要解决的问题之一是如何使汽车信息物理系统能够对抗各种网络攻击。

- 隐私:当涉及人(驾驶人)时,隐私保护是主要关注的问题。汽车信息物理系统应提供与传统车辆系统对个人敏感信息相同级别的隐私保护。

- 经济性:汽车信息物理系统软件的成本将是另一个问题。例如,目前飞机总成本的25%是软件成本,预计下一代飞机将增加到50%。汽车信息物理系统的软件也会导致具有挑战性的成本问题,车辆成本也会随之更高。

- 平台独立性和互操作性:汽车信息物理系统需要在具有复杂任务和环境的系统之间自动进行互操作。当系统是由来自不同供应商的不同组件组成的时候,实现这一点很困难。

- 最小延迟和高速通信技术:汽车信息物理系统的通信技术应具有最小的延迟和时延(微秒级或更小),从而信息可以及时反馈来保证系统的稳定性。这些要求现有的无线通信技术尚未达到。

- 高数据速率:具有百兆数据速率的现有无线网络技术可能不足以满足汽车信息物理系统的通信需要。发展高数据速率无线接入技术至关重要。

5.6 总结

本章介绍了智能网联汽车信息物理系统的感测时间、关联时间、车辆数量、车辆相对速度和重叠发送范围等不同参数如何影响车车通信,也总结了还需要解决的关键问题。

参考文献

1. D. B. Rawat, J. J. Rodrigues, and I. Stojmenovic, *Cyber-physical systems: from theory to practice*. CRC Press, 2015.
2. D. B. Rawat, C. Bajracharya, and G. Yan, "Towards intelligent transportation cyber-physical systems: Real-time computing and communications perspectives," in *IEEE SoutheastCon 2015*, 2015, pp. 1–6.
3. G. Yan, D. B. Rawat, and B. B. Bista, "Towards secure vehicular clouds," in *Complex, Intelligent and Software Intensive Systems (CISIS), 2012 Sixth International Conference on*, 2012, pp. 370–375.
4. D. B. Rawat, S. Reddy, N. Sharma, B. B. Bista, and S. Shetty, "Cloud-assisted gps-driven dynamic spectrum access in cognitive radio vehicular networks for transportation cyber physical systems," in *2015 IEEE Wireless Communications and Networking Conference (WCNC)*, 2015, pp. 1942–1947.